U0503190

东莞市博物馆丛书

东莞市博物馆 编

杨晓东 主编

东莞市博物馆藏捐赠文物

文物出版社

图书在版编目（ＣＩＰ）数据

东莞市博物馆藏捐赠文物 / 东莞市博物馆编；杨晓东主
编. —— 北京：文物出版社，2019.1
ISBN 978–7–5010–5851–8
Ⅰ.①东… Ⅱ.①东… ②杨…Ⅲ.①博物馆－历史文物－
介绍－东莞 Ⅳ.①K872.653
中国版本图书馆CIP数据核字(2018)第282168号

东莞市博物馆藏捐赠文物

编　　著：东莞市博物馆

主　　编：杨晓东

责任编辑：王　伟

责任印制：张　丽

摄　　影：蒋　彬

装帧设计：雅昌设计中心·北京· 田之友

出版发行：文物出版社

地　　址：北京市东直门内北小街2号楼

邮　　编：100007

网　　址：www.wenwu.com

邮　　箱：web@wenwu.com

经　　销：新华书店

印　　刷：北京雅昌艺术印刷有限公司

开　　本：889×1194　1/16

印　　张：13.25

版　　次：2019年1月第1版

印　　次：2019年1月第1次印刷

书　　号：ISBN 978–7–5010–5851–8

定　　价：296.00元

目　录

总　序

罗丹曾言："世界并不缺乏美，只是缺少发现美的眼睛"。

东莞，一座创造了并继续创造着经济和社会发展奇迹的城市。在这个面积不过 2,465 平方公里的"弹丸"之地，在短短的 30 年间，历史巨变呈现了从贫穷到富庶的巨大反差，以至于许多人相信，东莞的今日，不过是历史的一个意外。

然而，欲理解一座城市的今生，就必须读懂她的前世。事实上，东莞历史悠久，文脉绵长。在经济的外表下，她有着穿越时空的人文魅力。虎门销烟，那缕融会历史悲凉与豪迈的硝烟弥漫延续至今。从近代再往前追溯，纵观各历史时期，东莞先哲乡贤在广东乃至国内外都产生了广泛的影响，他们的皇皇著述、仕履政声，为莞邑积淀了厚重的文化底蕴，他们的精神风范为中华民族增色添辉。尤其在明一代，人才之盛可用"群星灿烂"来形容，难怪理学名臣丘濬在为东莞县所写的《重建儒学记》一文中要感叹："岭南人材最盛之处，前代首称曲江，在今世则皆以为无愈东莞者。盖入皇朝以来逾百年于兹，领海人士，列官中朝，长贰台省者无几何人，而东莞一邑，独居其多。"

因此，东莞并非一些人所说的的"文化沙漠"，而是人们没有意识到历史面沙掩饰下不断继承和成长的"绿洲"。在精彩纷呈的历史和现实面前，或许因为在经济与人文之间增量的侧重太过明显，议论一直存在。东莞在这一方面，继续广东那种讷于言而敏于行的姿态，做了再说，以至于在过往的历史变迁中，曾经"得风气之先"的东莞，涌现出的是人们对它的陌生和惊异，乃至种种争议。所以，解读和阐析东莞背后的人文根脉，需要有一种"发现"的精神和素养，需要挖掘隐藏在堆积如山的典籍及器物中的历史精髓。对于文物工作者而言，责无旁贷。

东莞市博物馆的前身是创建于 1929 年、竣工于 1931 年的东莞博物图书馆，与有作 80 年历史的老馆广州博物馆同为我国早期创建的博物馆。作为东莞市唯一的综合性博物馆，担负着当地文物收藏、保护、研究、宣传和教育职能，是博物馆之城建设中藏品托管与保护基地。80 年也许并不算长，但在这段时间里，通过历年的考古发掘和文物征集，东莞市博物馆积累了较丰富的馆藏文物，其中不乏精品。更重要的是，这些珍贵的文物，大多都是东莞文明与历史传统的见证物。

我们欣喜地看到，东莞市博物馆以馆藏文物为依托，结合研究课题，编辑出版《东莞市博物馆丛书》。这套丛书，旨在记录千年莞邑的发展历史，挖掘她不为人所熟知的人文魅力，让东莞的现代文明在这份底蕴深厚的文化遗产的孕育下，焕发出勃勃生机。

编辑《丛书》是一项以弘扬东莞传统历史文化为宗旨的长期的文化建设工程。东莞市博物馆在深入研究的基础上，拟推出"馆藏系列"、"地方史论"、"考古研究"、"陈列展览"等类别。从 2009 年开始，"馆藏系列"已陆续推出"碑刻"、"玉器"、"陶瓷"等专集。《丛书》以学术性、资料性和可读性相结合为特色，兼顾地方特点，体例科学，方法创新，文质兼美。同时，也希望《丛书》的出版能够在全省的文物工作中起到一定的引领推动作用。

历史的背影虽然已经远去，但其气息并未消散。我们希望《东莞市博物馆丛书》能够依稀勾勒出这座城市的历史轮廓，能够轻轻地提醒人们放慢脚步，去了解自己所在的城市，同时也能穿过浮华的表象，感悟她厚重的历史文化底蕴。

广东省文物局原局长　苏桂芳

前　言

文物记录一座城市的历史，每件文物都蕴含着历史和故事。博物馆收藏的文物，除了考古发掘、征集、调拨之外，社会团体及个人的捐赠也是极为重要的来源。

东莞市博物馆（以下简称莞博）是一座以展示历史与艺术并重，集文物征集、收藏、考古、研究、宣传教育、文化交流于一身的东莞市属唯一的地方综合性博物馆。自 1929 年建立以来，莞博接受了大批捐赠文物。规模较大的捐赠活动，前有麦朴农、陈伯陶、邓蓉镜、东莞明伦堂、容鹤龄古籍文献的捐赠，后有邓白、卢子枢、黄笃维作品的入藏。据统计，从 1988 年至 2015 年，莞博共收到 102 位社会各界人士捐赠的文物 1489 件（套），占馆藏文物总数的 16%，捐赠文物主要有陶瓷、书画、玉器、钱币、金属器、杂项、拓本、出土文物、近现代文物、民俗文物等，几乎涵括了所有文物类别，成为馆藏文物的重要来源之一。捐赠者中不乏各级领导、书画家、收藏家，但更多的是普通百姓，而让人感动的是有些捐赠者甚至没有留下名字……

这些捐赠文物不仅极大地丰富了馆藏序列，更为重要的是体现了广大捐赠者无私奉献的高尚情怀。在他们心目中，博物馆是他们手中藏品最好的归宿。正是由于他们"独乐不如众乐"及"珍于心，藏于馆，享于众"的高尚收藏观，使得更多观众能够欣赏到这些珍品。

为大力弘扬捐赠者的仁心善举，彰显捐赠文物的价值，莞博编辑出版《东莞市博物馆藏捐赠文物》。这些捐赠文物，除了承载着厚重的历史文化内涵之外，更寄托着捐赠者真挚的家国情怀。

愿中华文化得以永续，无私奉献精神得以弘扬。

编者

捐赠，伴随着东莞博物馆成长

捐赠，一个让人动容、令人敬佩、大公无私的美丽动词，与东莞博物馆有着不解之缘，从东莞博物馆创馆之初，就与东莞博物馆结下了深厚的情意，一直伴随着东莞博物馆的成长，推动着东莞博物馆向前迈进。

1929 年东莞博物馆始建，至今已有 85 个春秋。85 年的光辉岁月，85 年的沧桑巨变，来自社会各界的捐赠，不断地丰富东莞博物馆的藏品，让今天的东莞市博物馆已成为了全市 38 家博物馆中藏品最丰、质量最高的唯一的地方综合性博物馆和国家二级博物馆。

一、民间出资建博物馆，岭南第一家

1840 年鸦片战争后，清政府允许西方传教士在各通商口岸进行传教活动。东莞地处珠江入海口的特殊位置，成为西方教会传入的较早之地。以基督教礼贤会为代表的西方教会，在东莞建教堂、设医院、立学校，对东莞近代社会产生很大影响。在西方传教士的带动下，东莞近代邮政业务较早起步，且发展迅速，至民国时，全县已有邮局 24 间，数量之多，位于广东省各市县前列。因为地缘相近的关系，东莞经济通过香港与西方国家发生较多联系，成为东江流域重要的商品集散地及运输中心。1911年，广九铁路的开通，使东莞成为连接粤港两地的枢纽，对东莞的现代化进程产生积极的影响。在此背景下，东莞的文化教育事业也逐步走向现代化。

1911 年辛亥革命的爆发及五四新文化运动的兴起，为现代文化事业的发展带来了有利的条件，我国现代化的博物馆如雨后春笋纷纷涌现。在新文化的影响下，邑中进步人士认识到一所现代化的博物图书馆对莞邑人民文化普及的作用，1928 年时任东莞明伦堂委员长的徐景唐先生（图一），倡议筹办东莞博物图书馆。在众多莞人的努力下，东莞博物图书馆诞生了。

东莞博物图书馆由东莞明伦堂出资，广州昌发公司建造，于1929 年竣工。明伦堂为莞邑民间

图一

基层社会约定而立的社会控制和协调组织，注重培育学术之功能及慈善事业，是地方公益事业主要经费来源，支付了东莞博物图书馆的建筑费及日常经费。

博物馆图书馆位于当时的东莞城区盂山公园（今人民公园）内（图二、三），为两层砖瓦水泥结构，占地面积 489 平方米，共耗资28000 余元。馆建成后，因缺乏营运经费，旷置年余，门封窗破。1931 年东莞县县长陈达材下令由县财政拨款 1600 元用于修理、购置用具等。聘任邓念慈、卢鎏球（即卢翱，时为东莞

图二

图三

县教育局局长）、卢瑞（时为东莞县府庶务主任）等组成筹备委员会，邓念慈（图四）任馆长，

图四

卢鎏球为秘书，卢瑞为会计，负责博物图书馆开办事宜。经过近一年的筹备，1932年5月1日东莞县博物图书馆正式开放，一楼作为博物馆部，举办禽畜动物标本陈列，有少量陶瓷藏品；二楼作为图书部，设有图书阅览室（图五）；另设有印书部，委托东莞名人编书，由东

图五

莞博物图书馆印刷发售，或利用旧版片重印东莞古籍。博物图书馆设工作人员5人（表一）。至此，由民间出资筹建的东莞县博物图书馆终于正式运营。东莞博物馆由捐赠而诞生，并成为岭南地区第一家由民间出资建立的博物馆。

二、文物捐赠概况

图六

东莞博物馆自成立以来，一直受惠于社会各界的支持，文物捐赠尤显突出，成为藏品来源的主要途径。东莞博物图书馆建成之初，购书之款及其他经费紧缺，邑人纷纷倾囊捐赠（图六），

表一　东莞博物图书馆最初的工作人员名单

职　务	姓　名	履　历
馆　长	邓念慈	日本大学法科毕业，前东莞第一高小校长、东莞教育课员
馆　员	罗洪光	东莞中学旧制毕业，群益小学训育主任兼教员
馆　员	何景炎	东莞中学毕业，民众小学教员、望溪多风小学教务主任
助理员	陈汉明	本馆筹备委员会杂物员
助理员	张波棠	博厦乡公所书记员

表二　捐款名单

姓名	捐款额
麦际可	三千九百元
麦朴农（麦际可之父）	三千元
徐景唐	一千元
邓蓉镜	四百四十元
罗惠仪	五百元
王玉麟	五百元
叶作鹏	五百元
莫伯垾	一千册
卢瑞	六百五十四册
陈联辉堂	一千册
容鹤龄（容庚祖父）	八百册

表三　捐书名单

姓名	册数
麦朴农	二千二百零一册
陈伯陶	二千一百八十一册
邓蓉镜（邓尔雅之父）	一千五百册
东莞明伦堂	一千三百册

共收到捐款9840元（表二），书籍10636册（表三）。为博物图书馆的正常运作打下了坚实基础（表四）。

1938年10月，东莞沦陷，博物图书馆被日军占领，藏品遭到极大破坏，藏品消失殆尽（图七）。1949年中华人民共和国成立后，博物图

图七

书馆曾简陋复馆并曾作过党员培训的场所，因经费不足，十年间，博物图书馆归于沉寂。1959年，为庆祝建国十周年，东莞县委拨款7000元对旧馆进行大修，另建一间120平方米的文物仓库，更名为东莞县博物馆。这一年，为筹办展览，博物馆组织有一定文化基础的年青人，开办了一期文物征集及鉴赏培训班，经过培训的学员分散到各镇街征集文物，收到许多村民的捐赠，如黄炜熙捐赠5枚宋代钱币，樟木头镇的赖官送捐赠52件（套）解放战争时期粤赣湘边纵队情报等文

表四　博物馆图书部分古籍

书名	作者	年代	著录	备注
东书堂重修宣和博古图录	（宋）王黼等	清乾隆十七年（1752）亦政堂刻本	30卷	
古泉汇	（清）李佐贤	清	5集64卷	
渊鉴类函	（清）张英等	雍正年间	46册450卷	
附释音春秋左传注疏 附校勘记六十卷	（晋）杜预注、（唐）孔颖达疏、（清）阮元校刻	嘉庆年间	120卷	
佩文韵府				
附佩文拾遗	（清）张玉书	康熙五十年（1711）	212卷	
通典	（唐）杜佑	咸丰九年（1859）	200卷	有"邓诵芬堂赠邑图书馆"印
通志	（宋）郑樵	咸丰九年（1859）	200卷	
文献通考	（元）马端临	咸丰九年（1859）	348卷	
皇清经解	（清）阮元		140卷	
钦定四库全书总目	（清）纪昀等		200卷	
正谊堂全书	（清）张伯行		522卷	有"梅村莫氏友篪家塾藏本"印
仪礼注疏附考证	（汉）郑玄注	同治十年（1871）	17卷	
礼记注疏附考证	（清）阮元	同治十年（1871）	63卷	
天下郡国利病书	（清）顾炎武	清	120卷	
太平寰宇记	（宋）乐史	清	200卷	有"梅村莫氏友篪家塾藏本"印
五礼通考	（清）秦蕙田	清	260卷	
春秋经传集解	（晋）杜预	清	30卷	
皇朝三通	（清）嵇璜	光绪八年（1882）	86册	
读史方舆纪要	（清）顾祖禹		22册130卷	
说文解字	（汉）许慎	清		

物，塘厦镇的江福粦捐赠26件（套）抗战时期东江纵队革命文物，中堂镇黄涌村的黎敏捐赠9件（套）抗战时期的《前进报》等，这些文物为博物馆的复馆，展览的筹办，均提供了有力支撑。

1988年以来，随着改革开放步伐不断推进，东莞经济迅速发展，博物馆也迎来了蓬勃发展的良机，博物馆的藏品、管理和功能都得到了空前的拓展与完善，博物馆人以更高的热情投身于博物馆的建设之中。从这年开始，一些社会有识之士及友好人士，纷纷为东莞博物馆捐赠文物。

1988年蒋光鼐后人及同事捐赠著名将领蒋光鼐先生遗物24件（套），成为东莞博物馆一批重要革命文物，也是改革开放后东莞博物馆接收的第一批高质量文物捐赠。到了20世纪90年代，文物捐赠进入一个高潮。1992年邓白捐赠书画作品92件（套），这批书画作品，是邓白先生积累沉淀下来的各时期他的重要代表作，作品充分体现了他在书画艺术方面的艺术成就；1995年，王匡先生捐赠47件（套）书画作品，这些作品是其长期与艺术家们交往，结下深厚友谊，艺术家们赠与他的作品，其中有启功、黄胄、黎雄才、关山月等当代名家的作品；1997年，广州鉴藏家协会12位藏家捐赠177件（套）从汉代至清代的历代陶瓷；1997年黄笃维赠送40件（套）个人书法作品；1999年容琨、容璞等人捐赠其父著名学者容庚先生的遗物150件（套），主要为生活学习家居用品；1999年卢汝圻捐赠其父著名书画家卢子枢先生的95件书画作品；

2014年，卢汝圻先生再次把其父的最后一批作品和遗物共624件（套）捐赠给东莞市博物馆，其中有大量的写生画稿，是研究其艺术历程较为珍贵的资料，另有43本记事杂录资料，是深入研究卢子枢其人、其学、其艺不可或缺的珍贵文物，是了解卢子枢精书画、善鉴赏，毕生治学的最真实材料。

从1988年开始至2014年，东莞市博物馆共收到93位爱心人士捐赠文物1443件（套），占馆藏文物总数的15%，主要有陶瓷、书画、玉器、钱币、金属器、杂项、拓本、出土文物、近现代文物、民俗文物等，几乎含括了东莞市博物馆所有文物类别，成为东莞市博物馆馆藏文物的重要来源之一，为东莞市博物馆开展藏品研究、陈列展示、宣传教育、文化传播等奠定了良好的物质基础。

三、身分各异，善举同德

捐赠给东莞市博物馆的93位社会友爱人士，身分各异。有政府部门的领导和文化艺术界的艺术家以及他们的后人，也有普通百姓；有收藏界的朋友，也有民间家藏者；有本土的莞籍人士，也有外省的爱心人士和外来务工人员。所捐文物多者600余件，少者仅只1件，捐赠的文物价值有高达近千万元者，也有仅区区几十元者。但他们的善举、公德和公益之心是一致的，一样让人敬佩、尊重和感动。

从建馆之初，东莞乡绅麦朴农捐赠了3000银元资助博物馆建设，后又捐赠古籍3201册，

表五　改革开放以来接受重要社会捐赠简表

序号	捐赠者	名称	数量	时间	备注
1	蒋建国等人	蒋光鼐将军遗物	17 件	1988 年	蒋光鼐家属及纺织工业部徐赐书同志捐赠
2	邓白	邓白书画作品	92 件	1992 年	
3	王匡	王匡书画作品	47 件	1995 年	
4	广州鉴藏家协会	陶瓷	177 件	1996 年	赵自强等十二人捐赠
5	黄笃维	黄笃维书法作品	40 件	1979 年	
6	卢汝圻	卢子枢书画作品	95 件	1999 年	
7	容琨、容璞等人	容庚遗物	150 件	1999 年	容琨、容璞、容珊
8	李锦成	李云祥烈士遗物	26 件	2005 年	
9	姚耀宁	恐龙蛋化石	65 件	2007 年	
10	王莉莎等艺术家	水彩、版画、速写作品	18 件	2008 年	王莉莎、涂自华、莫雨根
11	叶更生	近现代文物	13 件	2008 年	
12	袁建文	近现代文物	33 件	2008 年	袁林达先生遗物
13	卢汝圻及家属	卢子枢书画作品、写生稿、笔记	624 件	2014 年	

其子也捐赠了 3900 银元建博物馆，一家人热心公益。陈伯陶捐赠了古籍 2181 册。陈伯陶（1855—1930），字象华，号子砺，晚更名永焘，又号九龙真逸。广东东莞市中堂镇凤涌人。光绪十八年(1892) 探花，授翰林院编修，官至武英殿纂修、起居注协修、文渊阁校理、国史馆总纂。陈伯陶博学多识，能医术、地理，工书法，善画。著述等身，著有《东莞县志》九十八卷附《沙田志》四卷、《胜朝粤东遗民录》四卷、《袁督师遗稿》三卷、《宋东莞遗民录》二卷、《明季东莞五忠

传》二卷、《增补罗浮山志》五卷等。另外有《孝经说》三卷、《东江考》四卷、《老子约》一卷、《葵诚草》一卷、《宋台秋唱》一卷等。邓蓉镜捐赠了 440 银元用于博物馆建设，后又捐赠古籍 1500 册。邓蓉镜 (1831—1900)，字上选，号莲裳，东莞莞城人。同治三年 (1864)，领乡荐，同治十年（1871 年），举进士，选庶吉士授编修，充国史馆纂修官，后出任江西督粮道。邓蓉镜重视教育，主持广雅书院四年，培养了大批的文人学士。著有《续国朝先正事略》《知止堂随笔》《诵芬堂诗文稿》《东莞志稿》等。书法画作较多，如东莞博物馆藏的《邓蓉镜楷书团扇》《邓蓉镜徐应奎李湘三人楷书扇面团扇》《邓蓉镜陈敬昌等五人楷书扇面》等。其子邓尔雅是广东著名的书画家，有大量书画作品被国有博物馆收藏，东莞市博物馆收藏其作品共有 20 件（套）。徐景唐捐赠 1000 银元。徐景唐（1895—1967），原名协和，字庚陶，世居东莞榴花乡鳌峙塘村，毕业于日本陆军士官学校，历任粤军第一师第三团团长、国民革命军第四军第十一师副师长、广东省政府委员兼军事厅长、第四军军官学校校长、国民革命军第八路军第五军军长兼第二师师长、第十二集团军副总司令、广东省政府委员兼民政厅长等职。曾捐资 8 万港币给家乡修筑东江堤，建凉亭一座，援助东莞 2 万元，以作造林经费。

1949 年 10 月的一天，东莞中学接到了四处张贴发放东莞解放布告的任务，一个参与张贴布告、名叫张况的学生，意识到这张布告对东莞的

重要性，于是留藏了一份。2005 年，当他看到东莞博物馆征集文物的消息，无偿捐出了这份他珍藏了 50 多年的文物——1949 年 10 月 17 日《东莞县军事管制委员会布告》，这件文物明确记录了东莞解放的确切日期，成为东莞解放日的重要证据（图八）。

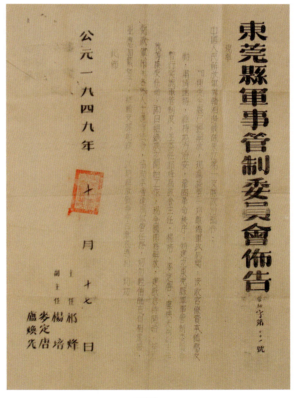

图八

1959 年，东莞博物馆复馆之初，以赖官送、江福粦、黎敏等为代表的革命战士和革命烈士后人，以及革命村庄的村民们，捐赠了一百余件革命文物，为建国十年大庆展览及博物馆的复馆，作出了重要贡献。

王匡、邓白、卢子枢等莞籍著名人士所赠文物共计 1072 件（套），为东莞人民留存了一份

厚重的文化财富。这些文物具有浓厚的地域特色，是研究东莞历史、传承文明、举办特色展览、进行乡土教育最珍贵的实物。

东莞自秦汉以来属南海郡番禺（广州），是广州外港，粤海第一门户，中外商船必经之道，海上丝绸之路的重要节点。在明清时期，东莞在广州府 14 个县中，各项指标均名列前茅，是商贸繁荣、经济发达的富庶之地，培育了众多的收藏爱好者，收藏实力和收藏眼力均较突出，并与广州收藏爱好者建立了良好的关系，双方多有合作和往来。1997 年，广州鉴藏家协会在陶瓷鉴定专家赵自强的带领下，12 位收藏家为博物馆捐赠了 177 件（套）从汉代至清代的历代陶瓷，其中有些陶瓷填补了莞博陶瓷藏品的年代及窑口空白，这批藏家分别是赵自强、梁戊年、张家光、薛坚华、李鸿基、周振武、蓝子杏、叶耀、刘建业、李庆全、郭志强、陈斌。收藏从根本上说是追求自我价值的一种方式，将收藏品最终捐赠给博物馆，是自我价值的实现，通过捐赠的方式，将个人收藏升华到集体记忆和社会遗产的高度，是精神世界的超越。

2007 年，一位来自广西开挖土机的外来务工人员，把他挖出的 65 件恐龙蛋化石，分三次先后捐给了博物馆；2009 年 12 月来自湖南怀化的外来务工人员向吉电先生捐赠 2 件战国铜箭镞给博物馆；2014 年 5 月，来自宝岛台湾的赫连鹏先生捐赠了一幅《李凤公设色花卉扇面》给博物馆……类似这样的外来人员捐赠文物的例子还有不少，此不再一一列举。虽然他们捐赠的文物价值不一定很高，但其热心公益之心，其慷慨捐赠之举，其化私为公的奉献精神，无不让人心生敬意。

社会捐赠代表着国家、文化与社会三个层面之间的互动，对于博物馆而言，社会捐赠的意义极为重要，它是博物馆藏品的重要来源，是博物馆赖以生存和发展的源泉，也是衡量博物馆社会影响力的重要标准之一。受体制机制限制和经费短缺等影响，国有博物馆文物收藏来源受到很大限制，社会捐赠是博物馆收藏的重要补充，我们期待更多热心公益之捐赠善举。捐赠给博物馆的文物，将被作为人类的共同财富世代积累下去。东莞市博物馆对于文物捐赠秉持着鼓励捐赠，做好服务的原则，妥善保管，最大化地延长其寿命；开展专题研讨，出版相关书籍，推进相关的学术研究；筹办基本陈列，策划专题展览，让捐赠文物充分发挥其社会文化效益。

回顾东莞博物馆 85 年的路程，每个阶段值得铭记的历史画面，都凝聚在一次次捐赠义举中。俱往矣，捐赠者始终不变的文化使命感、社会公益之心，与他们留下的藏品一样，值得我们永远珍藏、敬仰。他们的仁心义举，我们将永远铭记。

感谢所有为东莞博物馆捐赠过的人们！

杨晓东

2014 年 12 月于莞城

文物捐赠者及相关人员选介

张家玉（1615—1647），字玄子，号芷园，东莞万江人，明末清初"岭南三忠"之一。明崇祯十六年（1643）考取进士，授为翰林院庶吉士。清顺治四年(1647)正月，清军入莞，张家玉被尊为主帅。后因粮绝兵尽突围无望投水自尽。张家玉诗作遗留不少，后人辑有《张文烈公军中遗稿》和《张文烈公遗集》。

张家玉后人捐赠其画像和相关资料。

邓蓉镜（1831—1900），字上选，号莲裳，东莞莞城人。同治三年(1864)，领乡荐，同治十年（1871），举进士，选庶吉士授编修，充国史馆纂修官，后出任江西督粮道。光绪十七年(1891)，江南发生蝗灾，邓蓉镜节省粮价及运费四万余两，获朝廷嘉奖。后来他又奉命赈捐顺直水灾，筹解陕甘协饷，加按察使衔，赏戴花翎，曾三署江西按察使一职。邓蓉镜以政绩卓著，奉旨以应升之缺开列在前，升缺后赏头品顶戴，又以前任国史馆劳绩加二品衔。光绪十九年（1893），因母丧归家，不再仕宦，后主持广雅书院四年。光绪二十六年（1900），粤督李鸿章命他总办全省团练，积劳成疾而逝，卒年六十九岁。

东莞博物图书馆建馆之初，邓蓉镜捐赠 440 银元，古籍 1500 册。

陈伯陶（1855—1930），字象华，一字子砺，东莞中堂镇凤涌村人。光绪十八年（1892）的殿试中获一甲第三名，钦点探花，并授翰林院编修，任武英殿纂修，国史馆总纂，两署江宁布政史等职。陈伯陶通词翰，精书法，学识渊博，编纂出《宋东莞遗民录》和《胜朝粤东遗民录》等大量著述，并在九龙设修志局，修成了一部史学界评价较高的县志——《东莞县志》，为历史上的东莞志书之最。

东莞博物图书馆建馆之初，捐赠古籍 2181 册。

蒋光鼐（1888—1967），字憬然，世人尊之为憬公，广东东莞虎门镇南栅村人。是我国近代史上赫赫有名的爱国将领，参加过辛亥革命、反袁斗争、北伐战争、抗日战争等。1932 年，日军制造"一·二八"事变，他率部与日军苦战 33 天，屡挫日军，赢得海内赞誉。1933 年与李济深、陈铭枢、蔡廷锴等在福建发动政变，联共反蒋。1935 年联合十九路军将领组建中华民族革命大同盟，主张抗日救国。七七事变后先后担任军事委员会上将参议官、第四战区长官部参谋长、第七战区副司令长官，1945 年抗战胜利，获胜利勋章。1949 年 8 月，北上参加中国人民政治协商会议，1949 年 10 月参加人民政府，长期担任纺织工业部部长，历任各届政协委员、常委、民革中央常委等职务。1967 年 6 月 8 日，逝世于北京，终年 79 岁。

1988 年 12 月蒋光鼐后人及同事捐赠其遗物 24 件（套）。

容庚（1894—1983），原名肇庚，字希白，初号容斋，后改为颂斋。广东东莞莞城人，著名古文字学家、金石学家、文献学家、书画鉴赏家、书法篆刻家和教育家。曾任中山大学教授、中国书法家协会名誉理事、广东省书法篆刻研究会主任。代表作有金文大字典——《金文编》以及研究青铜器的重要参考书——《商周彝器通考》。容庚一生富有收藏，特别是青铜器收藏，不遗余力保护文物，大部分捐献给国家（现分别藏于中国国家博物馆、广州市博物馆、广州艺博院、广东省立中山图书馆和中山大学）。容庚工书法，尤精金文，兼擅篆刻，绘画作品以仿古、摹古居多，书法用笔圆方兼济，轻重疏密，颇具清苍质朴之美。其一生成就，在中国学术界、书画界和收藏界均占有重要的位置。

捐赠一幅自己的作品，后人捐赠其遗物 150 件（套）。

徐景唐（1895—1967），原名协和，字庚陶，世居东莞榴花乡鳌峙塘村，毕业于日本陆军士官学校，历任粤军第一师第三团团长、国民革命军第四军第十一师副师长、广东省政府委员兼军事厅长、第四军军官学校校长、国民革命军第八路军第五军军长兼第二师师长、第十二集团军副总司令、广东省政府委员兼民政厅长等职。

1928 年，时任东莞明伦堂委员长的徐景唐先生，倡议筹办东莞博物图书馆，由东莞明伦堂出资筹建，他本人捐赠 1000 银元。

卢子枢（1900—1978），名沛森，又名沛霖，字子枢，以字行，邓尔雅为其解字"流水不腐，户枢不蠹"之义而言其斋名"不蠹斋"，广东东莞虎门博涌乡卢屋村人。历任勷勤大学、广东省女子师范学校图画教员、广州市立美术学校国画系教授、广东大学国画系讲师、广东省文史馆研究馆馆员、广东省博物馆筹备委员会委员、广州市文物鉴定委员会委员等。

卢子枢是一位活跃在20世纪中国重要的学者型书画家。他是广东国画研究会的核心成员，博闻广识，精于鉴藏。他的绘画从"四王"入手，上溯宋元，其作品清秀润泽、空灵高古，深得传统文人画之精髓。黄宾虹赞其曰："上师董源，局势雄厚，笔法浓淡黑白，干湿兼用，骎骎乎古，卓尔不群"。卢氏书画不仅是在广东，在全国、在同时期画家中都占有重要席位。

邓白（1906—2003），字曙光，晚号白叟，广东东莞莞城人。22岁入广州市立美术学校学习，钻研图案，师承名画家陈之佛；23岁在中央大学艺术系学习；34岁任重庆中央大学助教；36岁任中国美术学院（原国立艺专）讲师、副教授；52岁调任中国美术学院工艺美术系主任，重建工艺美术系；53岁协助浙江省轻工业厅恢复龙泉青瓷生产；57岁成功地烧制仿南宋官窑青瓷。是我国著名工艺美术教育家、美术理论家、陶瓷艺术家、博士生导师，杰出的工笔花鸟画家和书法家。

1992年捐赠其书画作品83件（套）。

黎雄才(1910—2001)，广东省肇庆人，祖籍广东省高要县。先后任中国美术家协会广东分会副主席，岭南画派纪念馆馆长，广东美术学院院长。是当代国画家、美术教育家，岭南画派卓有成就的代表人物。擅长巨幅山水画，画作气势浑厚，被评论界称为"黎家山水"。与赵少昂、关山月、杨善深并称"岭南四大家"。

1973年夏，黎雄才来到东莞县博物馆，在馆内创作并捐赠《水墨庐山仙人洞图横幅》作品。

李汛萍（1913—2000），东莞中堂人，平生刻苦耐劳，刚直朴素。少年苦练武术，南拳北腿、太极八卦，尤善走壁功。又从名师习丹青，孜孜不倦探索中国画，创作了大量描绘祖国锦绣河山的作品。他先后执教于东莞中学、香岛中学，曾任香港美术研究会主席、香港公民体育会理事长、香港武术联会副会长，其武术、绘画门徒弟子众多，遍及粤港。

李汛萍一生共创作有三幅巨著：1984—1985年72岁时，创作《黄河万里图》，共94幅，全长9390厘米；1985年冬—1987年秋74岁时，创作《长城万里图》，共50幅，全长8976厘米；1992—1993年80岁时，创作《长江万里图》，共33幅，全长6393厘米。

1993年捐赠《长城万里图》一套，共计50幅。

王匡（1917—2003），原名王卓培，出生于东莞虎门南栅西头村。青年时代，他奔赴延安，投身革命，两次南下，文征笔战，成为当时著名的新闻记者；中华人民共和国成立后，他先后担任新华通讯社华南总分社社长、南方日报社社长、中共中央华南分局宣传部长、中共广东省委常委等职，参与创办《羊城晚报》；"文革"后，出任国家出版事业管理局局长，后赴香港，任中共港澳工委书记、新华通讯社香港分社第一社长，团结港澳同胞、华侨同胞，为香港回归祖国奠定基础。数十年如一日，为我国宣传文化、新闻出版事业的建设发展做出重大贡献。2009年入选"新中国60年杰出出版家"。

1995年3月捐赠名人书画作品47件（套）。

黄笃维（1918—2004），别名多韦，广东开平人。1935 年入广州美术学校学习，1940 年毕业于上海美术专科学校西画系，1943 年至 1949 年曾在成都岷云艺术专科学校、广东艺术专科学校、广州艺术专科学校任教，1950 年至 1954 年任华南文艺学院美术系副教授，后历任广东省文艺创作室美术组组长，《广东画报》主编，广东画院副院长。

1997 年捐赠其书画作品 40 件（套）。

叶更生（1927—2010）东莞道滘人，小学毕业后，考上了广州市立师范学校，1950 年考入中南军区广州军政大学，后被分配到中国人民解放军 40 军，任副排级抄写员。1951 年 1 月入朝参战，1953 年荣立三等功，回国复员后于 1990 年退休。

2008 年至 2009 年，先后两次捐赠民俗文物 16 件（套）。

卢汝圻（1937—2017 年），出生于广东东莞虎门，卢子枢先生次子。1964 年毕业于武汉测绘科技大学天文大地系，广东省地震局高级工程师，九三学社广东省离退休委员会原主任，省直属科学院一支社原主委。

卢汝圻退休之后，不遗余力搜集研究其父卢子枢的书画资料，撰写专著《中国一代书画名家卢子枢》。为更好地保存卢子枢先生一生的创作成果，他积极协调亲属，于 1999 年捐赠卢子枢书画作品 97 件（套）给东莞市博物馆；2002 年，又捐赠卢子枢作品、遗物以及相关资料共计 555 件给虎门镇政府；2014 年，卢汝圻将其正在整理的一批卢子枢作品及遗物共 624 件捐赠给东莞市博物馆，此批文物具有较高的艺术价值、历史价值、科研价值，尤其是 43 本记事杂录，是深入研究卢子枢先生其人、其学、其艺不可或缺的珍贵文物，也是研究东莞、广东乃至中国近现代书画艺术的重要史料。

赵自强（1939— ），现任广州市博物馆业务指导、研究员，国家文物鉴定委员会委员，广州市文史研究馆员，中国文物学会民间收藏委员会理事，广东省炎黄文化研究会理事，广州市荔湾区文联名誉主席，广州中国古陶瓷研究会会长，中山大学岭南考古研究中心研究员。曾任广州市政协第六届、第七届委员，广州市第十届人大代表，广东省第九届人大代表。1961年从事文物工作，师从我国著名古陶瓷鉴定大师孙瀛洲先生，对古陶瓷研究和鉴定有较深造诣。1993年至1997年受国家文物局之聘进入全国馆藏一级文物鉴定、确认专家组工作。40多年来，其鉴定、抢救文物多达百万件，为保护我国历史文化遗产作出了贡献。

著有《古陶瓷鉴定》，主编《民间藏珍》《芸窗清供》《青瓷、青白瓷珍品》《中国历代茶具》《新加坡藏瓷》《私家藏宝》等书籍，其中《古陶瓷鉴定》被评为广州市社会科学优秀成果二等奖。

1997年1月15日，带领12位收藏家捐赠了从汉至清代的历代陶瓷177件（套），其本人捐赠12件（套）。

梁戊年（1939— ），广东台山人，广东省收藏家协会副主席。幼年时喜爱书法，1963年师从广州市文物总店鉴定专家邓涛学习书画及陶瓷鉴定。20世纪70年代开始个人收藏，到90年代已经初具规模。从20世纪90年代开始，他将100多件瓷器分别捐赠给中山、东莞、江门、台山等地博物馆，多次参加慈善义卖活动。他在陶瓷鉴定方面经验丰富，在广东收藏界颇有名气。1997年1月15日捐赠陶瓷8件（套）。

黄发（1939— ），东莞虎门人。曾任东莞市市委常委，东莞市政协副主席。

2015年5月21日捐赠书画31件（套）。

［壹］ 陶瓷

001
晋　青釉盘口陶罐

高 43 厘米、口径 24.5 厘米、底径 18.5 厘米

盘口，长颈，鼓腹，平底，肩部塑四耳（已缺），器外身施青釉。器型高大，是莞博所藏出土文物中唯一的晋代作品，此器的捐赠，填补了莞博藏品空白。

东莞本地出土，2005 年 10 月 26 日谭才均捐赠。

002
东汉　三足陶盉

高 17.7 厘米、口径 8.8 厘米

此造型源于用以温酒或调和酒水浓淡的青铜盉，基本造型为前有流，后有鋬，下有三足或四足。这类器物在珠江三角洲一带的汉代墓葬里常见。

东莞市茶山镇出土，陈效坚捐赠。

003

东汉 青黄釉弦纹陶瓶

高 20.8 厘米、口径 3.3 厘米、底径 9.5 厘米

直口长颈，鼓腹，喇叭形高足。器外施青釉，泛黄。颈部和腹部刻饰 5 道弦纹。这类器物在广东汉代墓葬中常见。

东莞市茶山镇出土，陈效坚捐赠。

004

明 青釉刻花碗

高 7 厘米、口径 11.5 厘米、底径 5.8 厘米

直口，高弧身，圈足。器里外施满青釉，器外壁刻花菊瓣纹装饰。为龙泉窑产品。

东莞市莞城区罗沙村出土，谭志恒捐赠。

005

宋　青黄釉开光人物龙纹壶

高 9.7 厘米、口径 7 厘米、底径 7 厘米

小唇口，短颈，鼓腹，器外施青黄釉，器身刻几何纹为地，花瓣形四面开光，内堆塑人物故事图。

东莞市大岭山镇出土，廖东平捐赠。

006

汉　蚕茧形陶壶

高 40 厘米、口径 14 厘米、底径 16 厘米

唇口，蚕茧形身，喇叭形圈足。外壁绘黑彩，有竖弦纹。

1997 年 1 月 15 日赵自强捐赠。

007
清　青花缠枝菊花纹炉

高 13.3 厘米、口径 15.5 厘米、底径 11 厘米

直身，高圈足。器身青花线描缠枝菊花纹。

此线描装饰在清中期较为流行。

1997 年 1 月赵自强捐赠。

008
唐　青釉长颈瓶

高 21.5 厘米、口径 7.5 厘米、底径 8 厘米

撇口，长颈，圆腹，喇叭形足，外壁施青釉。

1997 年 1 月 15 日李鸿基捐赠。

009
宋　建窑兔毫茶盏
高 4.5 厘米、口径 11.8 厘米、底径 3.7 厘米

敞口，斜身，圈足，器身施黑釉，呈兔毫纹。建窑以生产黑釉茶盏为主，其黑釉窑变呈条状结晶纹，细如兔毛，俗称"兔毫盏"，因迎合了宋代的"斗茶"之风而闻名于世。1997 年李鸿基捐赠。

010
明正德　甜白釉碗
高 6.8 厘米、口径 14.5 厘米、底径 5.5 厘米

撇口，深腹，圈足。器壁施甜白釉。甜白釉是永乐时期景德镇窑创烧的一种白釉，乳浊感强，釉面温润如玉，给人以甜净之感，故名"甜白"。1997 年 1 月 15 日李鸿基捐赠。

011
明万历　吉州窑酱色釉药瓶
高 5.8 厘米、口径 3.2 厘米、底径 3.2 厘米

撇口，鼓腹，浅圈足。器身施满酱色釉。1997 年李鸿基捐赠。

012

明万历　青花花鸟纹碟

高 5.7 厘米、口径 13.2 厘米、底径 5 厘米

撇口，圈足。碟心青花绘花碟和印章"福"纹。

1997 年 1 月李鸿基捐赠。

013

明　青花奔马图碗

高 5.2 厘米、口径 15.4 厘米、底径 5.7 厘米

敞口，斜身，圈足，器身青花绘奔马图，纹饰
简单潦草，但洒脱奔放。

1997 年 1 月李鸿基捐赠。

014

清初　仿龙泉窑青釉水洗

高 2.9 厘米、口径 11.5 厘米、底径 4.2 厘米

敛口，圆腹，三乳丁足。器身施满青釉，有冰裂纹。

1997 年 1 月 15 日李鸿基捐赠。

015
宋　影青瓶
高 16 厘米、口径 5.6 厘米、底径 6.7 厘米

方唇口，鼓腹，喇叭形圈足。器身施青白釉，印有暗花。

1997 年 1 月 15 日叶耀捐赠。

016
明　青花缠枝莲纹盖罐
通高 14 厘米、口径 5 厘米、底径 6.3 厘米

唇口，丰肩，圈足。器身绘青花缠枝莲花纹。

1997 年 1 月叶耀捐赠。

017
雍正　青花夔龙纹盘
高 6.2 厘米、口径 28 厘米、底径 16.3 厘米

唇口，弧身，圈足。盘心绘青花夔龙纹。

1997 年 1 月 15 日叶耀捐赠。

018

东汉　几何纹陶井

高 14 厘米、口径 14.5 厘米、底径 15.5 厘米

1997 年 1 月 15 日蓝子杏捐赠。

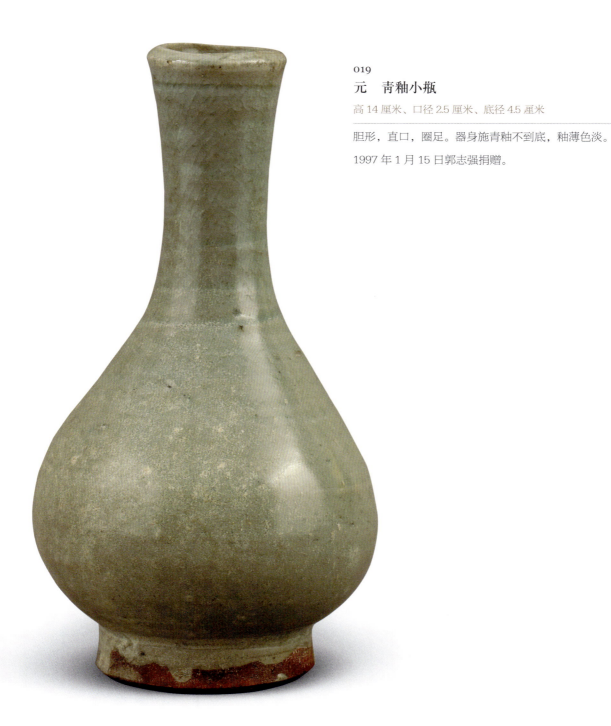

019

元　青釉小瓶

高 14 厘米、口径 2.5 厘米、底径 4.5 厘米

胆形，直口，圈足。器身施青釉不到底，釉薄色淡。
1997 年 1 月 15 日郭志强捐赠。

020

清初　青花花卉纹酒壶

高 22.5 厘米、口径 7 厘米、底径 8.6 厘米

盂口，溜肩，圈足，肩部塑龙首形流。器身绘青花折枝菊花纹。

1997 年 1 月郭志强捐赠。

021
清道光　青花人物图笔筒
高 22.5 厘米、口径 7 厘米、底径 8.6 厘米

直口，直身，圈足。器身仿哥釉装饰，留白绘青花人物图。

1997 年 1 月郭志强捐赠。

022
清初　天青釉盖罐
高 7 厘米、口径 11.2 厘米、底径 11.2 厘米

洗口，折肩，斜腹，圈足。外壁施天青釉。

1997 年 1 月李庆全捐赠。

023
清康熙　青花龙纹盘

高 3.4 厘米、口径 19.8 厘米、底径 11.3 厘米

敞口，浅身，浅圈足。盘心青花留白双龙纹。

1997 年 1 月李庆全捐赠。

024
清乾隆　青花蟠螭纹炉

高 7 厘米、口径 15 厘米、底径 6.5 厘米

折沿，圆腹，圈足，外壁绘青花蟠螭纹。

1997 年 1 月李庆全捐赠。

025

乾隆　青花花卉纹鞋式水洗

高 4.8 厘米、宽 12 厘米

鞋形。外壁绘青花花卉纹，花枝采用贴塑留白工艺。

1997 年李庆全捐赠。

026　南宋　酱釉罐

通高 13.3 厘米、口径 5.5 厘米、底径 4.8 厘米

唇口，圆腹，圈足。外壁施酱釉不到底。

1997 年张家光捐赠。

027

宋　青白釉出戟谷仓

通高 25 厘米、口径 7.5 厘米、底径 8 厘米

塔形。直口，圈足，器身分五层，每层出戟，肩
部塑双耳。盖施酱釉，器身施青白釉。

1997 年 1 月 15 日周振武捐赠。

028

宋　影青釉印花莲瓣纹瓶

高 11.2 厘米、口径 5.8 厘米、底径 5.6 厘米

撇口，折肩，喇叭形圈足，器身施影青釉，印莲瓣纹。

1997 年 1 月 15 日周振武捐赠。

029
宋　影青釉刻弦纹碗

高 7.2 厘米、口径 17.4 厘米、底径 5.4 厘米

撇口，弧身，圈足。器身施影青釉，刻弦纹。
1997 年 1 月 15 日周振武捐赠。

030
北宋　白釉瓜形小罐

高 9 厘米、口径 3 厘米、底径 3.7 厘米

唇口，丰肩，瓜形身，圈足，器身施白釉，泛青。
1997 年 1 月 15 日梁戊年捐赠。

031

元　龙泉窑小盖罐

通高 6.2 厘米、口径 5 厘米、底径 4.3 厘米

直口，丰肩，斜身，圈足外撇。器身施青釉，泛黄。

1997 年 1 月 15 日梁戊年捐赠。

032

元　青白釉人物谷仓

高 35 厘米、口径 6.8 厘米、底径 7.8 厘米

盂口，长颈，高身，圈足，颈部贴塑佛教人物和龙纹。器身施青白釉。此为宋元时间较为流行的冥器。

1997 年 1 月 15 日刘建业捐赠。

033

元　青白釉执壶

通高 18.3 厘米、口径 7.4 厘米、底径 7 厘米

圆环钮，平板盖，圆腹，圈足。外壁施青白釉。

1997 年 1 月 15 日刘建业捐赠。

034

乾隆　豆青青花盘

通高 4 厘米、口径 23.5 厘米、底径 11.7 厘米

花口，折沿，浅身，圈足。全身施青釉，盘心青花绘
"五福捧寿"纹，外底青花篆书"大清乾隆年制"款。
1997 年 1 月 15 日刘建业捐赠。

035
宋　影青四系盖罐

通高 10.6 厘米、口径 5.3 厘米、底径 5.3 厘米

覆折沿碗式盖，直口，溜肩，鼓腹，圈足，肩部塑四耳。
外壁施影青釉。

1997 年 1 月 15 日薛坚华捐赠。

036
南宋　龙泉窑小盖罐

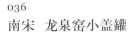

通高 6.8 厘米、口径 4 厘米、底径 4.5 厘米

盘式子母口盖，直口，隆胸，浅圈足。外壁施青釉。
1997 年 1 月 15 日薛坚华捐赠。

037
元　龙泉窑刻花罐

高 20.4 厘米、口径 19.8 厘米、底径 16.5 厘米

敛口，丰肩，圈足。外壁施青釉，刻花卉菊瓣纹。
无名氏捐赠。

038
元　酱釉弦纹高身陶瓶

通高 35 厘米、口径 5.3 厘米、底径 8.2 厘米

唇口，溜肩，高身，平底，器身塑多层突
起弦纹。肩以下施酱釉。

无名氏捐赠。

039
清中期　白釉堆蟠螭纹水洗

通高 11.2 厘米、口径 10.5 厘米、底径 8.7 厘米

瓜形身，枝条状三足，口部堆塑一条蟠螭。全身施白釉。

无名氏捐赠。

[贰] 书画

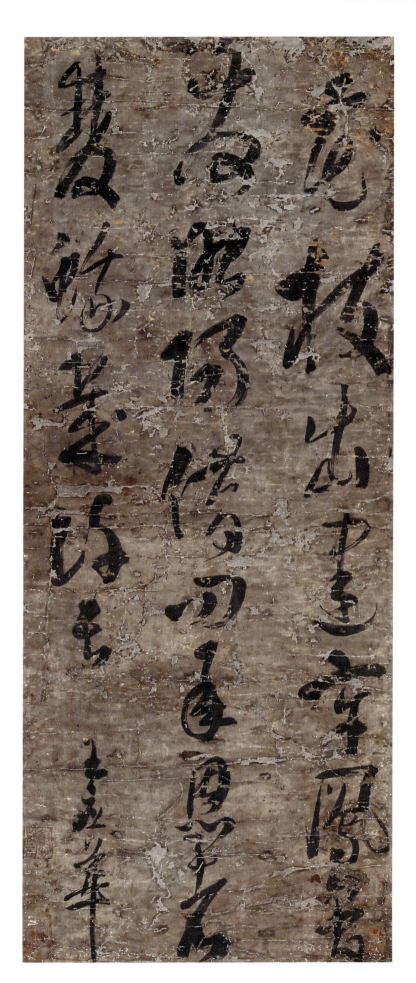

001

王应华草书五绝轴

年代：明

质地：纸本

尺寸：纵 129.5 厘米、横 50.5 厘米

释文：花枝出建章，凤管发昭阳。借问承恩者，双蛾几许长。

款识：王应华

钤印：应华（朱文方印）

鉴藏印：聊自娱斋印（朱文长方印）、可园收藏金石图书之印（朱文长方印）

无名氏捐赠。

王应华（1600—1665），字崇闇，号园长。东莞石冈（今石排莆心）人。明崇祯元年（1628）进士。官工部主事，至福建按察使、礼部侍郎。明亡降清后归粤，隐居东莞水南，以文酒自娱。擅画兰竹木石。

002

张穆淡彩古树系驹图轴

年代：明

质地：纸本

尺寸：纵 123 厘米、横 78 厘米

款识：罗浮张穆。

钤印：张穆（白文方印）、穆之（朱文方印）

无名氏捐赠。

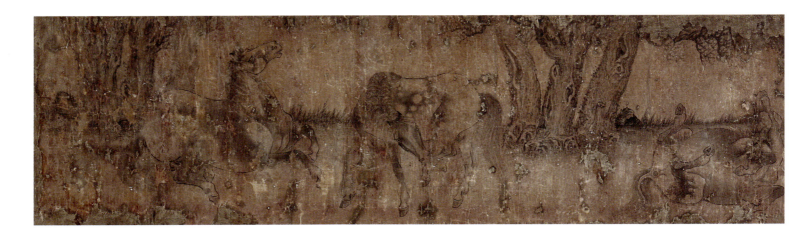

003
张穆水墨老树三马图横幅

年代：明末

质地：纸本

尺寸：纵 23 厘米、横 78 厘米

无名氏捐赠。

张穆（1607—1683），字穆之，别字尔启，号铁桥。东莞茶
山人，年少有豪侠之气，明末曾参加岭南抗清斗争。明亡后隐
居，善画马，自成一派，亦善画兰、竹、鸟雀。

004
李文田行书《旧唐书·礼志》四屏

年代：1877 年

质地：纸本

尺寸：纵 150.5 厘米、横 32 厘米

释文：黄轩御历，朝万方于合宫；丹陵握符，咨四岳于群后。有虞辑
瑞，总章之号既存；大禹锡圭，重屋之名攸建。殷人受命，置阳馆以
辨方；周室凝图，立明堂以经野。用能范围三极，幽赞五神，展尊祖
之怀，申孝祀之典。爰从汉魏，迨及周隋，经始之制虽兴，修广之规
未备。朕以庸昧，虔膺厚托，受寄于缀衣之夕，荷顾于仍几之间。伏

以高宗往年，已属意于阳馆，故宗辅之县，预纪明堂之名；改元之期，
先著总章之号，朕于乾封之际，已奉表上陈，虽简宸心，未遑营构。

款识：旧唐书礼志一则。鞠斋三兄年大人正。丁丑仲冬，弟李文田。

钤印：李氏仲约（白文方印）、泰华山堂（白文方印）

无名氏捐赠。

李文田（1834—1895），字畲光，号若农、芍农，谥文诚，广东顺
德人。清代翰林、书法家，致力于蒙古史、元史的研究。曾为《元
秘史》作注。其书用笔朴雅，圆畅浑成，自然洒落，清劲秀雅。

黄軒御厤朝萬方於合宮丹陵握符浩四岳於群后有雲輯瑞總章之號既存大禹錫建垂屋之名攸建邃人變令豐陽館以詔方

魏迨及周隋經始之制鑑興脩廣之觀未備黃五神展尊祖之懷申孝祀之典爰涤漢周室凝圖立明堂以經野用能範圍三極幽

朕以廋昧虞膺厚託受寄於緞衣之夕矜顧於仍几之間供以高宗狂年已屬爰於陽館故宗輔之縣預紀明堂之名政元之期先署

總章之稱朕於乾封之際已奉表上陳雛若宸心未邊營撐舊唐書礼志一則輪齋三兀牵大人正丁丑仲冬弟李□田

005

黄友竹淡设色虎扇画

年代：清

质地：绢本

尺寸：纵 16 厘米、横 48 厘米

款识：友竹。

钤印：友（白文方印）、竹（朱文方印）

无名氏捐赠。

黄友竹，广东东莞人，专精画虎，人称"黄老虎"。

006
康有为行草横幅

年代：清

质地：纸本

尺寸：纵 64 厘米、横 121 厘米

释文：大海波涛拍岸粗，疏椰夕照带靡芜。居夷久吴年运往，吾道非叩旷野孤。松石玩嬉关山鬼，乾坤俗大着潜夫。北口朝议思随会，诸夏颠危谁与扶。

款识：写庚戌除夕槟星坡步海诗。恭甫仁弟，康有为

钤印：康有为印（白文方印）、更牲（朱文方印）

无名氏捐赠。

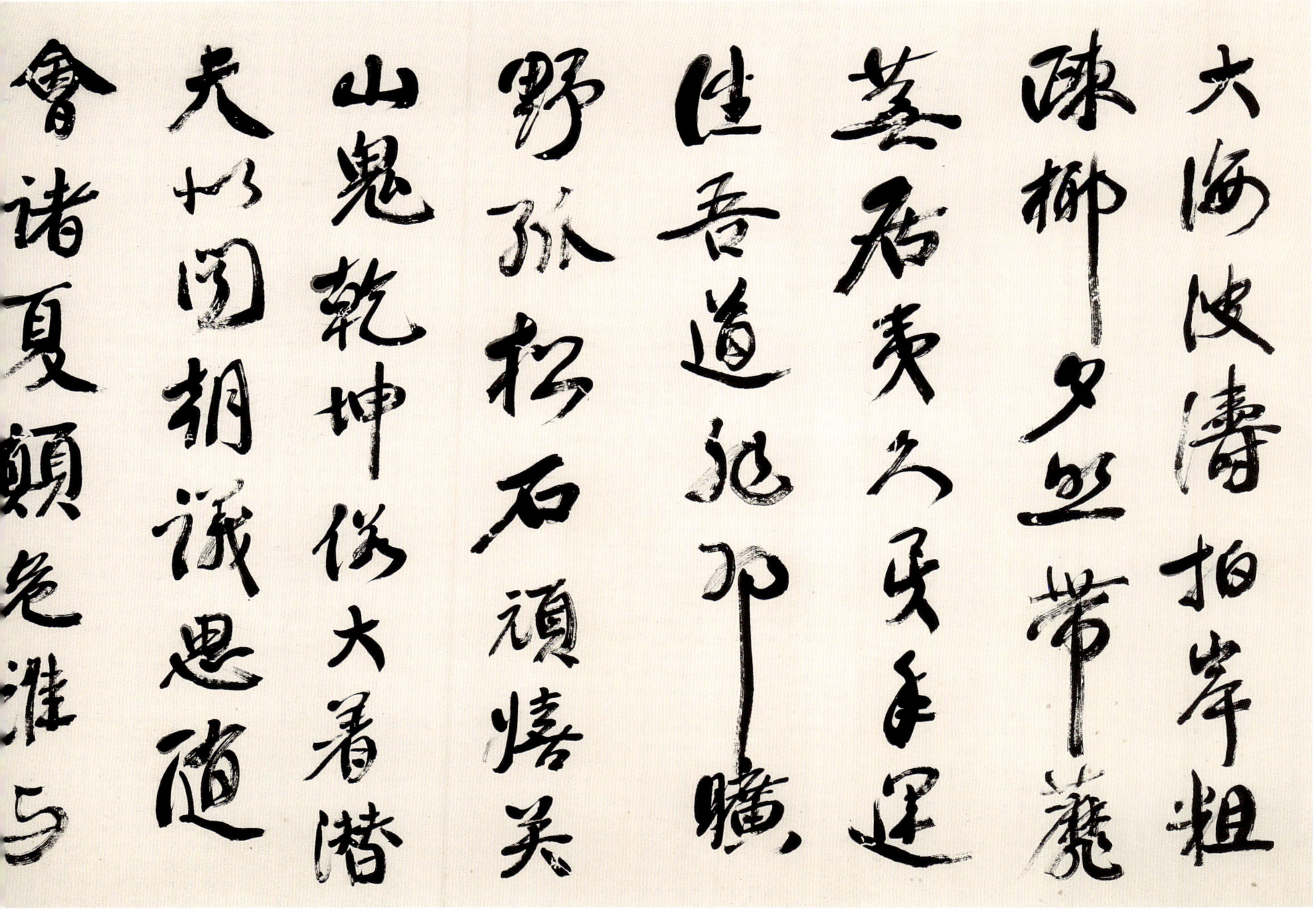

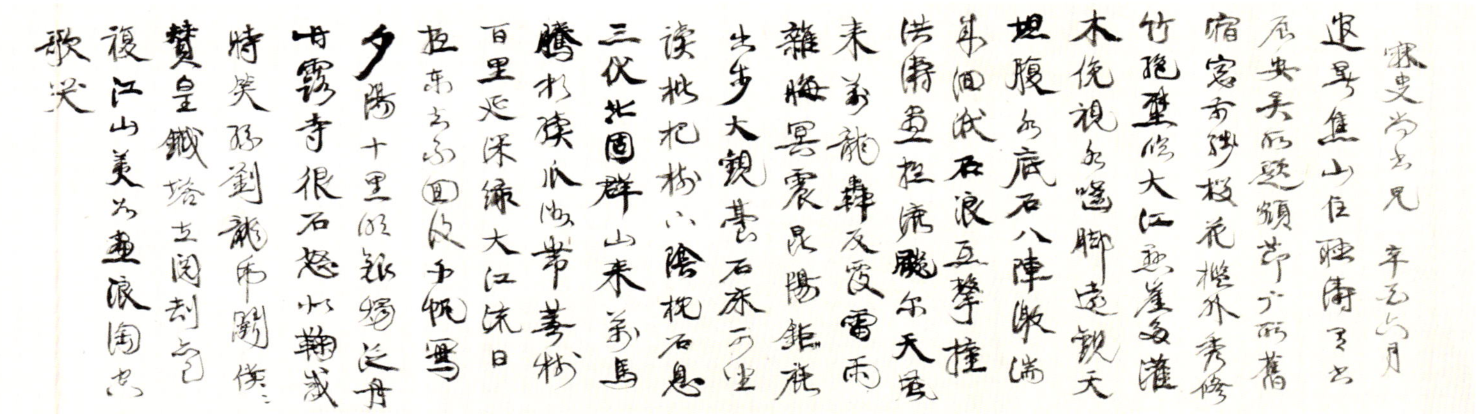

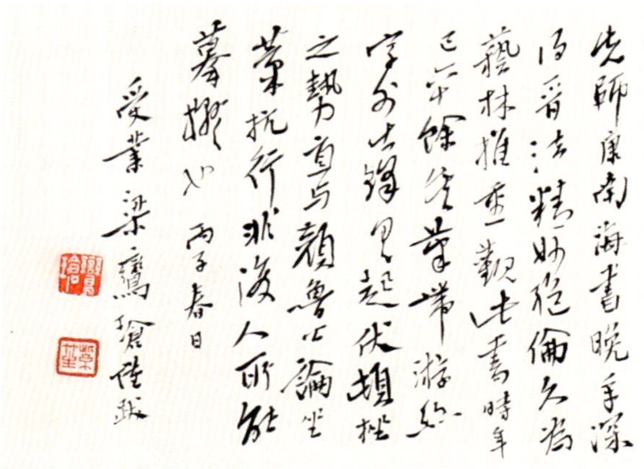

007

康有为行草手卷

年代：清

质地：纸本

尺寸：纵18厘米、横74厘米

释文：逭暑焦山住，听涛有书屋。安吴所题额，节庵所旧宿。窗前残榴花，槛外秀修竹。绝壁临大江，悬崖多灌木。俛视水啮脚，远观天坦腹。水底石八阵，激湍成洄洑。石浪互击撞，洪涛画夜流。飚尔天风来，万龙袭反覆。雷雨杂晦冥，震昆阳钜鹿。出步大观台，石床可坐读。枇杷树下阴，枕石息三伏。北固群山来，万马腾相续。瓜洲带芜树，百里延深绿。大江流日夜，东去不回复。千帆写夕阳，十里明银烛。泛舟甘露寺，很石怒如掬。感时笑孙刘，龙虎鬪仆仆。赞皇铁塔在，阅劫亦已复。江山美如画，浪淘空歌哭。

款识：寐叟尚书兄，辛酉六月。

题跋：先师康南海书，晚年深得晋法，精妙绝伦，久为艺林推重，观此书时，年已六十余矣，笔带游丝，字外出锋，则起伏顿挫之势，直与颜鲁公论坐笔抗行，非后人所能摹拟也。

款识：丙子春日，受业梁鸾珍借跋。

钤印：鸾珍（白文方印）、紫笙（朱文方印）

无名氏捐赠。

008
何丹山法华秋月设色四屏

年代：清

质地：纸本

尺寸：纵 143 厘米、横 34.5 厘米

款识1：丹山。

款识2：云淡风轻近午天，傍花随柳过前村。时人不识予心乐，将谓偷闲学少年。画为汉乔四兄大人雅鉴，丹山老人何翀。

款识3：法华秋岳先生笔意，烟桥老人何翀。

款识4：法华秋岳先生用墨，画于竹清石寿之斋。丹山老人并识。

钤印：何翀之印（朱白文方印）、丹山山人（朱白文方印）

鉴藏印：伯孙珍赏（朱文方印）

无名氏捐赠。

何翀（1807—1883），字丹山，号烟桥老人，又号七十二峰山人，广东南海九江烟桥人，所画花卉翎毛，取法新罗山人，翎毛尤为擅绝。晚年所画桃花柳燕小幅，只以赭色点桃，画极雅淡。尝论画不难于描绘，而难于命意，结构布局次之，点缀又次之。其作画重视观察自然，取材现实，曾在西樵山中设"碧云画楼"，摹景写生，开岭南画人点染南国风光的先导。

009

林奇设色竹鹤图轴

年代：清

质地：纸本

尺寸：纵 97 厘米、横 31 厘米

款识：林奇

钤印：林奇字奇英（白文方印）

无名氏捐赠。

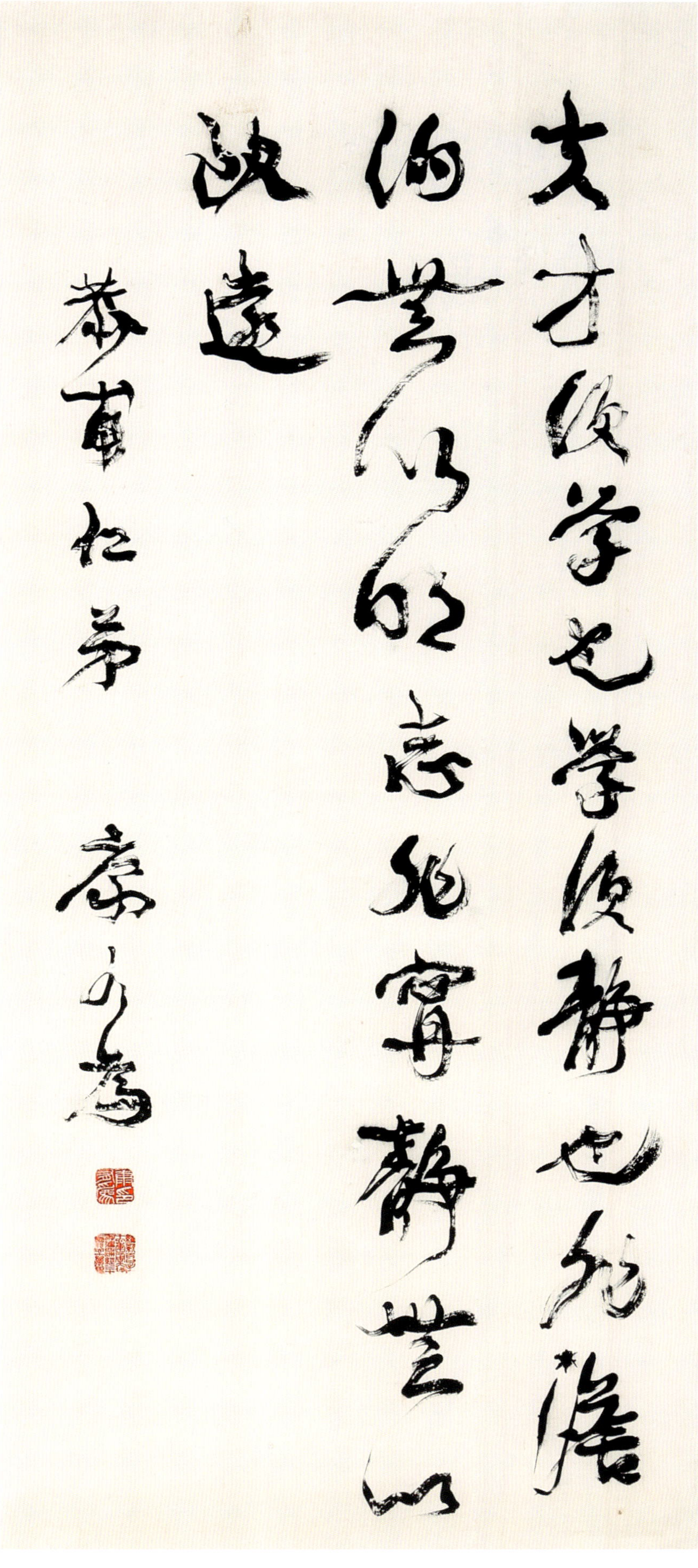

010

康有为行书"论才"轴

年代：清

质地：纸本

尺寸：纵 130.5 厘米、横 57 厘米

释文：夫才须学也，学须静也，非澹泊无以明志，非宁静无以致远。

款识：恭甫仁弟，康有为。

钤印：康有为印（白文方印）、维新百日出亡十六年三周大地游遍四州经三十一国行六十万里（朱文方印）

无名氏捐赠。

康有为（1858—1927），原名祖诒，字广厦，号长素、更牲、西樵山人、游存叟、天游化人、南海人，人称康南海，是近代著名政治家、思想家、书法家和学者。其书法从碑刻中汲取营养，笔画平长，内紧外松，转折多圆，运笔自然，结体舒张，具有大气磅礴、纵肆奇逸的艺术风格。

011

苏六朋浅绛驴背看山图轴

年代：清

质地：纸本

尺寸：纵 125.5 厘米、横 31 厘米

款识：千崖落木自苍苍，驴背看山了不忙。欲觅九秋无限色，从
君叩取小奚囊。琴道子。

钤印：七十二洞天散人（白文方印）

无名氏捐赠。

苏六朋(1791—1862)，字枕琴，号怎道人，别署罗浮道人。广
东顺德人。清代画家，世人称其与苏仁山为"岭南画坛二苏"。

012

谢兰生浅绛仿米王山庄秋色抚琴图轴

年代：清

质地：绢本

尺寸：纵 46 厘米、横 177 厘米

款识：余好仿云林画，实未得见云林真迹，不得已参入米元章及黄子久笔意，取其圆润，不至堕入枯木禅也。道光甲申三月为佩之二兄作，里甫。

钤印：谢兰生印（白文方印）

无名氏捐赠。

谢兰生（1759—1831），字佩士，号澧甫，又号里甫，别署理道人，履道士。广东南海人。工诗善画，先后主持粤秀、越华、端溪等书院。画山水秀润苍劲，品格高远。

013

蒋莲浅绛仿无人山水图轴

年代：清

质地：纸本

尺寸：纵 121 厘米、横 34.5 厘米

款识：仿口人笔意，芗湖道人蒋莲。

钤印：君先（朱文方印）

无名氏捐赠。

蒋莲，字君先、君光、香湖，别署芗湖居士。广东香山（今中山）小榄人。据说生平仰慕画家陈老莲，故名为莲。善画人物、山水、花卉、草虫。著作有《剑光楼诗钞》《乐志堂文集》《常惺惺斋书画题跋》《乐志堂诗集》等。

014

熊景星浅绛山水图轴

年代：清

质地：纸本

尺寸：纵34厘米、横35厘米

款识1：林木阴阴日正长，云山草树郁苍苍。地偏镇日无行迹，让与孤亭受夕阳。遂江。

款识2：乙卯长夏作于黄石轩，仿梅花道人法，为雨村尊兄大人雅正，熊景星。

钤印：伯晴（朱文方印）

无名氏捐赠。

熊景星（1791—1856），字伯晴，号笛江、荻江、涤庵，广东南海人。善画山水、花卉，质朴苍劲，力透纸背。曾与谢兰生、谭莹同修《南海县志》，著有《吉羊溪馆诗集》及《题画诗》一卷。

015

梁枢水墨夏山凉亭轴

年代：清

质地：绢本

尺寸：纵 84.5 厘米、横 39 厘米

款识：庚申大寒实为时滋大兄鉴，石痴□。

钤印：梁枢（白文方印）、西山□者（白文方印）

无名氏捐赠。

梁枢，广东顺德人。擅画山水、兰竹。

016

梁于渭浅绛平野秋林图册页

年代：清

质地：绢本

尺寸：纵 26 厘米、横 27 厘米

款识：平野秋林，杭雪梁于渭写意

钤印：占钊（白文长方印）

无名氏捐赠。

梁于渭（1842—1913），字鸿飞、杭叔、航雪，广东番禺人，陈澧学生。光绪十五年（1889）进士，官礼部祠祭、清吏司司员。精研金石篆刻，善画，喜作花卉，晚嗜山水，法元人，意境宕逸。

017

高剑父老鼠偷枇杷图轴

年代：中华人民共和国

质地：纸本

尺寸：纵 52.5 厘米、横 61.5 厘米

款识：剑父写生。

钤印：麟（肖形印）、番禺高嵛（白文方印）、广州番禺县（朱文方印）

无名氏捐赠。

高剑父（1879—1951），名仑，字爵廷，号剑父等，广东番禺人。辛亥革命元老，岭南画派创始人之一。早年师从居廉，深得"居派"艺术的真谛，后数度游学日本，创办《真相画报》以及"春睡画院"，提倡改良中国画。他擅画山水、人物、翎毛、花卉等，其作品匠心独运，力道韵雅，有纵横磅礴的气概。

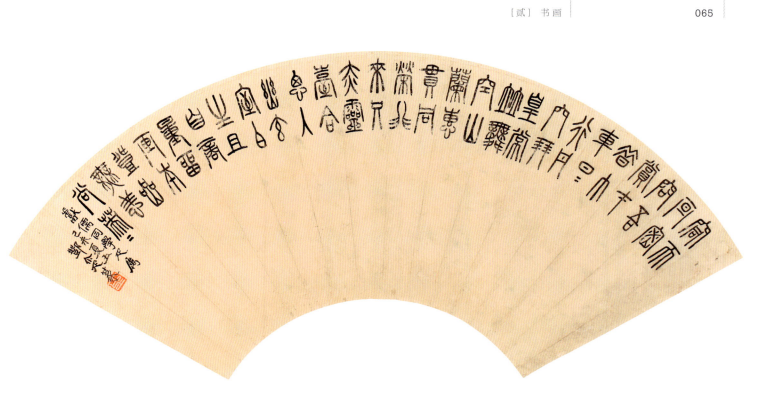

018

邓尔疋篆书扇面

年代：1919 年

质地：纸本

尺寸：纵 18.5 厘米、横 53.5 厘米

释文：穹天亘密容吾赏，才昔巾车日日行。丹穴拜皇常并舞，空山兰惠贯同荣。非来只亦灵台合，思人幽玄室伯生。且自商量留画本，登邑无恙尚英英。

款识：献儒同学雅属，己未夏五，邓尔疋篆。

钤印：尔疋（白文方印）

无名氏捐赠。

邓尔雅（1883—1954），原名溥，后改名万岁，字季雨，号尔足，广东东莞人。邓尔雅是岭南名士邓蓉镜之四子，尔雅幼承家训，尤喜书法篆刻与诗文。留学日本，专功美术，归国任小学教员。后迁居香港，在香港中华中学教授书法、国文，著有《文字源流》《邓斋笔记》《艺觚草稿》等。

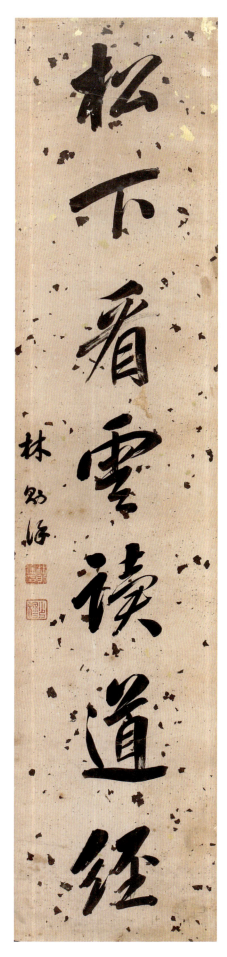

019

林则徐款行书七言联

年代：清

质地：纸本

尺寸：纵 129 厘米、横 28 厘米

款识：林则徐

钤印：林则徐印（白文方印）、少穆（朱文方印）

释文：林间扫叶安棋局，松下看云读道经。

无名氏捐赠。

林则徐（1785—1850），福建省侯官人，字元抚，又字少穆、石麟，晚号俟村老人、俟村退叟、七十二峰退叟、瓶泉居士、栎社散人等，是清代著名政治家、思想家和诗人。

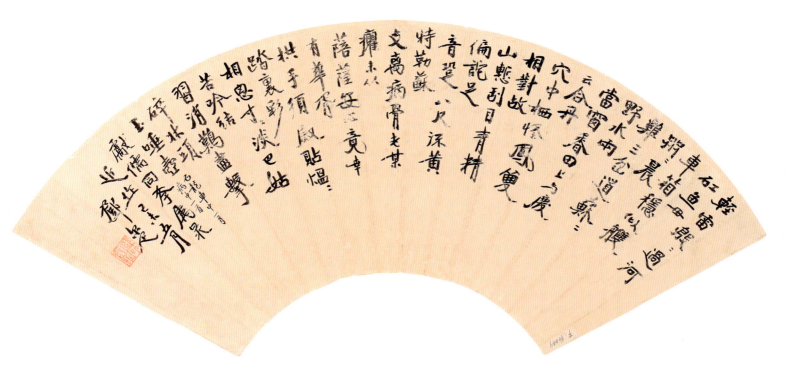

020

邓尔疋行书诗两首扇面

年代：1919 年

质地：纸本

尺寸：纵 18.5 厘米、横 54 厘米

释文：轻雷殷殷过河矼，鱼贯车箱稳似艭。㶁㶁晨鸡三岔道，苏苏野水雨当窗。香田上与庆云合，丹穴中栖怪凤口。相对故山惭刮目，青精偏诧足音跫。八尺流黄特勒苏，支离病骨老其癃。未从菩萨安心竟，幸有华胥拱手须。尉贴愠愠踏里彩，相思寸寸淡巴姑。苦吟结习消鹈尽，击碎床头玉唾壶。石龙车中一首，病中一首。

款识：献儒同学属录近作，己未五月，邓尔疋。

钤印：邓尔雅印（朱文方印）

无名氏捐赠。

021

清奚冈仿大痴老人水墨山水图轴

年代：清

质地：纸本

尺寸：纵16厘米、横48.5厘米

款识：庚戌上巳日，仿大痴老人意，奚冈画。

钤印：蒙道士（白文方印）

无名氏捐赠。

奚冈(1746—1803)，清代篆刻家、书画家。原名钢，字铁生、纯章，号萝龕、蝶野子，别号鹤渚生、蒙泉外史、蒙道士、奚道士、散木居士、冬花庵主，原籍歙县（今属安徽），寓浙江杭州西湖。寄情诗画，山水花石，逸韵超隽。刻印宗秦、汉，与丁敬、黄易、蒋仁齐名，号西泠四大家。并与陈豫钟、陈鸿寿、赵之琛、钱松合称西泠八家。

022

张问陶设色菊花白菜图团扇

年代：清

质地：绢本

尺寸：直径 26.5 厘米

款识：云溪大兄，船山张问陶。

钤印：船山（白文方印）

鉴藏印：子孙珍赏（朱文方印）、辅臣清玩（朱文长方印）

无名氏捐赠。

张问陶(1764—1814)，字仲冶，一字柳门，号船山、蜀山老猿，清四川遂宁人。清代杰出诗人、诗论家，著名书画家。因故乡四川遂宁城郊有一座孤绝秀美的小山，形如船，名船山，便自号船山，亦称"老船"。因善画猿，亦自号"蜀山老猿"。

023

邓尔疋篆书山南精舍横幅

年代：清

质地：纸本

尺寸：纵 30 厘米、横 129.5 厘米

释文：山南精舍。

款识：弟七十八壬申长至节，邓尔疋。

印章：万岁（朱文方印）、爨公（白文方印）、可久长（朱文长方印）

鉴藏印：太史公牛马走（白文方印）

无名氏捐赠。

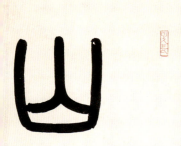

024

邓尔雅篆书五言对联

年代：中华民国

质地：纸本墨笔

尺寸：纵 140 厘米、横 28 厘米

题识：伯龙外甥婿属篆，集屈翁山句，邓尔疋。

释文：幸生丹荔国，家有梅花田。

钤印：邓尔疋（朱文方印）、伯孙珍赏（朱文方印）

无名氏捐赠。

025

邓白设色竹下琴弦图轴

年代：1948 年

质地：纸本

尺寸：纵 133 厘米、横 54 厘米

款识：竹下琴弦月下心，此生何处觅知音，炉烟渐冷夜凉深。旧恨莫歌金缕曲，新词愁谱白头吟，清商一叠思难任。己丑邓白并题。

钤印：邓白（朱文方印）、素秋山馆（朱文方印）、此中有真意（朱文方印）

1992 年 11 月邓白捐赠。

邓白（1906—2003），名燮枢，字曙光，改名白，号白叟。东莞莞城旨亭街人。当代著名的艺术教育家，陶瓷艺术家，中国工艺美术的先驱和奠基人，同时又是杰出的工笔花鸟画家和书法家。他的工笔花鸟，形象生动，钩线挺健有力，设色清雅秀美，极富装饰性。

026

邓白设色拒霜图轴

年代：1980 年

质地：纸本

尺寸：纵 96 厘米、横 52 厘米

款识：傍水施朱意自真，幽栖非是避芳尘。已呼晚菊为兄弟，更为秋江作主人。半临秋水照新装，澹静丰神冷艳裳。堪与菊英称晚节，爱他含雨拒清霜。一九八〇年，白叟写于杭州。

钤印：邓（白文方印）、白叟（朱文方印）、活色生香（朱文方印）

1992 年 11 月邓白捐赠。

027

邓白设色秋汀野鹭图轴

年代：1942 年

质地：纸本

尺寸：纵 113 厘米、横 60 厘米

款识 1：昔徐熙善花鸟草虫，常游园圃，以求其情状，故能意出古人之外，而富超脱野逸之趣。邓子此帧写拒霜野鹭，显见其画从写生得来，不但钩摹维肖，体会入微，而尤富诗趣，统体简淡，足当寒汀萧疏之意。雪翁题。

款识 2：癸未邓白写。

钤印：邓白（朱文方印）、雪翁（白文方印）、养真（朱文长方印）

1992 年 11 月邓白捐赠。

028

邓白设色良宵秋思图轴

年代：1948 年

质地：纸本

尺寸：纵 132 厘米、横 46 厘米

款识：云散天青，鸦栖地白，碧梧庭院沉沉。梦抛香簟，绿意寄情深几度。冰弦须诉，问尘世，谁是知音。阑干外，凉宵似水，幽思几难禁。携琴愁，独听枝头雀语，砌角虫吟，更声戛玉，竹韵敲金。卷起罗帏，浑悄立不觉，冷露沾襟。知今夜，关山倚月，应识此时心。戊子中秋前一日写于西湖素秋山馆，邓白。

钤印：邓白（朱文方印）、老白之印（白文方印）、素秋山馆（朱文方印）、绝世而独立（朱文方印）

1992 年 11 月邓白捐赠。

029

邓白设色梨花院落图轴

年代：1991 年

质地：纸本

尺寸：纵 138 厘米、横 52 厘米

款识：梨花院落溶溶月，柳絮池塘淡淡风。辛未秋写晏殊

诗意，白叟画于杭州。

钤印：邓（白文方印）、白叟（朱文方印）、春长在（朱文

椭圆印）、八十以后（朱文随形印）

1992 年 11 月邓白捐赠。

030

邓白设色江南春图轴

年代：1981 年

质地：纸本

尺寸：纵 70 厘米、横 46 厘米

款识：江南春。一九八一年四月，白叟写于杭州。

钤印：邓（白文方印）、白叟（朱文方印）

1992 年 11 月邓白捐赠。

031

邓白临敦煌隋代供养人图镜片

年代：1956 年

质地：纸本

尺寸：纵 52 厘米、横 130 厘米

款识：白叟临于敦煌。

钤印：白叟（朱文方印）

1992 年 11 月邓白捐赠。

032

邓白临永乐宫壁画纯阳帝君神游化图镜片

年代：1956 年

质地：纸本

尺寸：纵 68 厘米、横 102 厘米

1992 年 11 月邓白捐赠。

033
邓白临永乐三清殿壁画玉女图镜片

年代：1956 年

质地：纸本

尺寸：纵 153 厘米、横 78 厘米

1992 年 11 月邓白捐赠。

034

邓白设色四时春连屏

年代：1961 年

质地：绢本

尺寸：纵 277 厘米、横 544 厘米

款识：邓白

钤印：邓白玺（白文方印）

1992 年 11 月邓白捐赠。

035
邓白设色报喜图镜片

年代：1961 年

质地：纸本

尺寸：纵 110 厘米、横 180 厘米

款识：一九六一年三月，白叟画。

钤印：邓（朱文圆印）、白叟（白文方印）

1992 年 11 月邓白捐赠。

036

邓白设色今年花比去年红图镜片

年代：1982 年

质地：纸本

尺寸：纵 94 厘米、横 179 厘米

款识：今年花比去年红。一九八二年三月，白叟写于杭州。

钤印：邓（朱文圆印）、白叟（白文方印）、受采室（白文方印）

1992 年 11 月邓白捐赠。

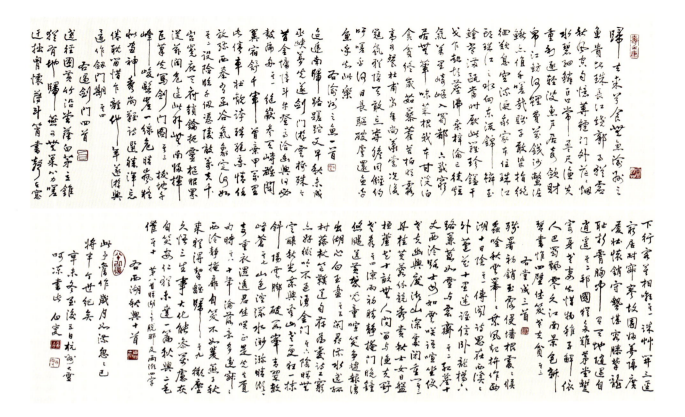

037

邓白行草旧作长卷

年代：1992 年

质地：纸本

尺寸：纵 39 厘米、横 242 厘米

款识：此予旧作，岁月如流，忽忽已将半个世纪矣。辛未冬至后五日，杭州大雪，呵冻书此，白叟。

钤印：寿而康（朱文长方印）、白露草堂（白文方印）、白叟（朱文方印）、白（朱文方印）、邓（白文方印）、素秋山馆（白文方印）、八十以后（朱文随形印）、白叟（白文方印）、白叟（朱文方印）

释文 1：归去来兮食无鱼，渝州之鱼贵比珠。长江绕郭事犹虚，秋风空自忆莼鲈。门外茫茫烟水碧，细鳞巨口常盈尺。渔夫重利逐轻波，鱼户居奇敛财帛。江鲂河鲤费万钱，沙鳖泥鳅亦值千。嗟哉贼子敢染指，徘徊叹息空浇涴。我家本住珠江头，珠江之水向东流。锦鳞玉鲙常满瓯，当时厌此罗珍馐。干戈乍起胡尘沸，桑梓沦亡徒短气。万里崎岖入蜀都，六载穷居无荤味，菜根我本甘淡泊，食贫终岁茹藜藿。苦柏明雾高可餐，杜甫当年尚萧索。况复寇氛犹障天，敢忘尝胆同仇约。呼嗟乎，何日长驱破虏还，鱼乎鱼乎知此乐。右渝州之鱼一首。

释文 2：迢递南归路，蹉跎又早秋。未成巫峡梦，先遂剑门游。云栈殊今昔，金墉障斗牛。登高洽幽兴，何必鼓扁舟？其一。绝巘参天峙，雄关翼宿辰。千军曾弃甲，万里此停车。壮观夸殊绝，豪情任放疏。西秦有函谷，气象定何如？其二。设险临千仞，凭陵故万夫。岩峣庇天府，锁钥扼灵枢。眼界从兹阔，危途此外无。南归挥巨笔，先

写剑门图。其三。拔地千峰俊，悬崖一线危。晴岚疑似画，神秀尚难诗。选胜浑忘倦，耽留惜乍离。他年遂游兴，还作剑门期。其四。右过剑门四首。

释文 3：绕径围黄竹，沿堂荫白茅。立锥犹有地，归燕可无巢。心力嗟迁拙，胸怀鄙斗筲。书声在窗下，行客莫相嘲。其一。诛草开三迳，穷居耐寂寥。故园归梦隔，广厦壮怀销。守蜗堪容膝，攀龙耻折腰。胸中有天地，随遇自逍遥。其二。邦国犹多难，茅堂暂寄身。老妻知惜物，锥子解依人。巴蜀飘零久，江南景色新。琴书惟四壁，休笑老夫贫。其三。右堂成三首。

释文 4：残暑初销玉露侵，墙根处处候虫吟。秋云幂幂乘风起，拼作西湖十日阴。其一。传闻诗思在西溪，溪外芦花十里迷。谁信卧龙桥下路，蒹葭如雪与云齐。其二。红尘十丈西泠路，士女如云笑语喧。坐使老夫幽兴废，湖山深处闭重门。其三。丹桂芙蓉纷竟秀，赏秋士女日盘桓。芦花十亩无人问，留与渔夫野老看。其四。凉雨初晴静掩门，晚钟悠飏送黄昏。儿童喧笑争趋报，涌出湖心白玉盘。其五。闲寻流水绕孤村，藤杖芒鞋道自存。为爱诗工穷亦好，微吟不过涌金门。其六。阴晴无定酿秋光，乘兴看山老更狂。一抹斜阳云脚破，数峰青翠数峰苍。其七。山色淀濛水渺弥，晴湖那及雨湖奇。重衣湿透君休笑，正是先生觅句时。其八。十年沦落意多违，寂寂西泠静掩扉。自笑不如菱燕子，秋来犹得挈雏归。其九。微尘久悟三生事，大化能参万虑灰。自笑安仁犹未达，一篇秋兴二毛催。其十。右西湖秋兴十首。

1992 年 11 月邓白捐赠。

038

邓白设色丹荔鸣蝉图轴

年代：1979 年

质地：纸本

尺寸：纵 135 厘米、横 65.8 厘米

款识：一九七九年夏五月为荔子

写照，白叟画于杭州。

钤印：邓（白文方印）、白叟（朱

文方印）、活色生香（朱文方印）

1992 年 11 月邓白捐赠。

039

邓白设色岭南丹荔图轴

年代：1979 年

质地：纸本设色

尺寸：纵 110 厘米、横 110 厘米

题识：万里归来画荔支（枝），白头师友又相随。笔端写出家园色，胜似东

坡只赋诗。枝头树底任尝新，十亩齐堆席上珍，今日饱餐三百颗，依然无

愧岭南人。一九七九年盛暑，白叟并题。

钤印：邓（白文方印）、白叟（朱文方印）、活色生香（朱文方印）

1992 年 11 月邓白捐赠。

040

卢子枢设色石门金山寺图轴

年代：1954 年

质地：纸本

尺寸：纵 55 厘米、横 90 厘米

款识：石门金山寺。石门灵洲山距广州西北七十里，由鹅潭泛舟而往，不半日可运，兀峙郁水中流，山根如鼎足，沙汀映带，帆樯出没，洵涉川距海之壮观也。山颠有金山寺，原名宝陀寺，又名灵洲山寺，明成化间太监韦眷重修，旧有大雄宝殿、金刚殿、望气楼、妙高台、环翠亭诸建置，今多废圮。宋苏轼谪惠州时，维舟于此，感梦题诗，诗云："灵洲山上宝陀寺，白发东坡又再来。前世德云今我是，依稀犹见妙高台。"此诗刻石尚存，粤人因塑东坡像祀之，遂呼其山为小金山寺、口金山寺云。余曾一至其地，登高揽胜，盘桓竟日，即景图之。卢子枢并记。

钤印：卢子枢（白文方印）

1999 年 9 月卢子枢家属捐赠。

卢子枢（1900—1978），原名沛霖，字子枢。画室名一顾楼、不盡斋、九石山房。东莞人，精研国画，尤工山水。山水从四王入手，历元四家，而上追董源、巨然，苍劲秀雅、卓然成家。癸亥合作画社及广东国画研究会主要画家。

041

卢子枢设色漱珠冈图横批

年代：1954 年

质地：纸本

尺寸：纵 59 厘米、横 129 厘米

款识：漱珠冈。冈在广州珠江南岸，汉章帝时议朗杨孚故居。孚尝从洛阳移五鬣松种宅前，冬雪盈树，人皆异之，盖粤无雪，而孚之松独有雪，因目其地曰河南，而广州对江有河南之称，或始于此。唐许浑诗"河畔雪飞杨子宅，海边花发越王台"即指此也。今冈上不见有松，惟有杨议朗祠，纯阳观后倚奇石，坡陀起伏，旁有小溪，可资游憩，其前平畴交错，沟□如画。因距市区不远，休暇之日，游者聚焉。卢子枢并记。

钤印：子枢（朱文方印）、卢氏（白文方印）

1999 年 9 月卢子枢家属捐赠。

042

卢子枢设色浦间濂泉图镜片

年代：1956 年

质地：纸本

尺寸：纵 59 厘米、横 83 厘米

款识：蒲涧濂泉。广州白云山写生之一，一九五六年冬，卢子枢。

钤印：子枢（朱文方印）、卢氏（白文方印）

1999 年 9 月卢子枢家属捐赠。

043

卢子枢设色七星岩天柱阁图镜片

年代：1961 年

质地：纸本

尺寸：纵 37.5 厘米、横 73.5 厘米

款识：七星岩天柱阁。一九六一年秋，与文史研究馆同人到肇庆七星

岩修养，饱揽胜景，归而写此，以记游踪。子枢并识。

钤印：子枢（朱文方印）、卢氏（白文方印）

1999 年 9 月卢子枢家属捐赠。

044

卢子枢设色电白波心乡远望图册页

年代：1958 年

质地：纸本

尺寸：纵 32.8 厘米、横 34 厘米

款识：电白波心乡，远望红十月社。子枢写。

钤印：卢子枢（白文方印）

1999 年 9 月卢子枢家属捐赠。

045

卢子枢设色闸坡码头一角图册页

年代：1958 年

质地：纸本

尺寸：纵 34 厘米、横 32.5 厘米

款识：闸坡镇码头一角。一九五八年五月，

子枢写。

钤印：卢子枢（白文方印）

1999 年 9 月卢子枢家属捐赠。

046
卢子枢设色漠阳江木桥图册页

年代：1958 年

质地：纸本

尺寸：纵 33 厘米、横 32.5 厘米

款识：参观团到阳江后，再乘汽车往湛

江市，路过漠阳江的长木桥。子枢。

钤印：卢子枢（白文方印）

1999 年 9 月卢子枢家属捐赠。

047

卢子枢设色茂名引鉴工程图册页

年代：1958 年

质地：纸本

尺寸：纵 34 厘米、横 32.5 厘米

款识：茂名引鉴工程。一九五八年五月，子枢写。

钤印：卢子枢（白文方印）

1999 年 9 月卢子枢家属捐赠。

湖光岩是湛江市
的幽美风
景区寺前
湖水清净
其深无际
一九五八年
五月子枢写

048
卢子枢设色湛江湖光岩图册页

年代：1958 年

质地：纸本

尺寸：纵 34 厘米、横 32.5 厘米

款识：湖光岩是湛江市的幽美风景区，寺前湖水清净，其深无际。一九五八年五月，子枢写。

钤印：卢子枢（白文方印）

1999 年 9 月卢子枢家属捐赠。

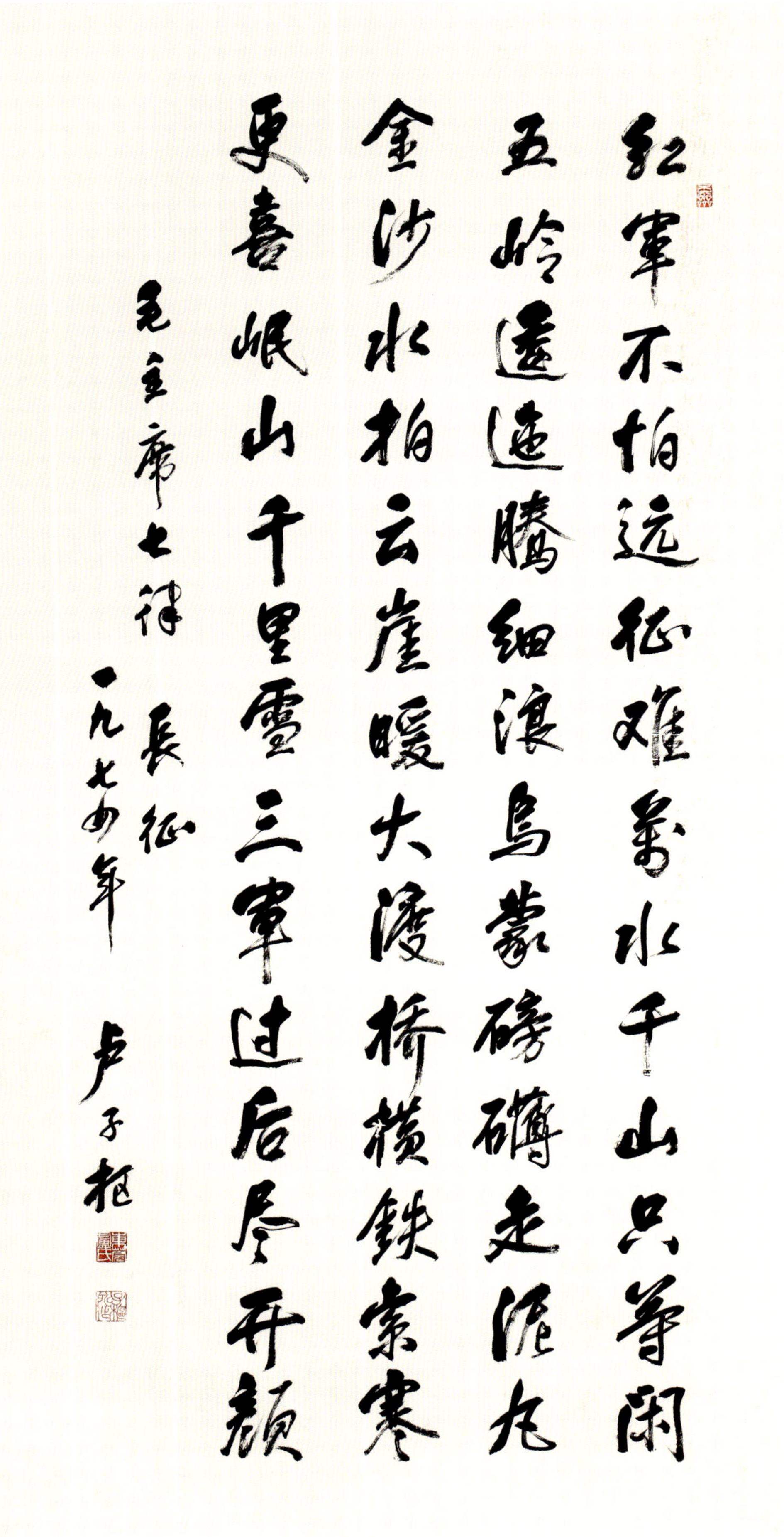

红军不怕远征难　万水千山只等闲
五岭逶迤腾细浪　乌蒙磅礴走泥丸
金沙水拍云崖暖　大渡桥横铁索寒
更喜岷山千里雪　三军过后尽开颜

毛主席七律　长征

一九七六年　卢子枢

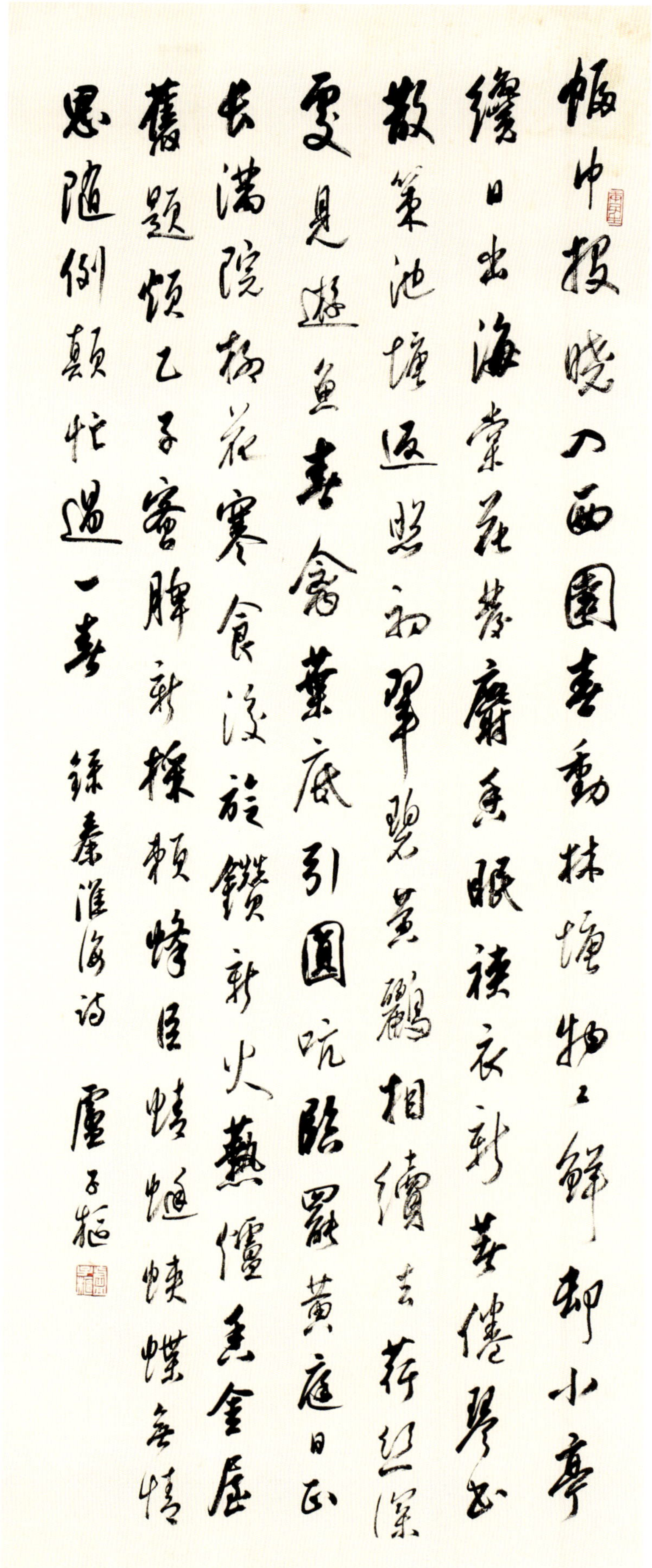

049

卢子枢行书毛主席七律长征轴

年代：1974 年

质地：纸本

尺寸：纵 134 厘米、横 67 厘米

款识：毛主席七律长征。一九七四年，卢子枢。

钤印：东莞卢氏（白文方印）、子枢所作（朱文方印）、不蠹斋（白文长方印）

释文：红军不怕远征难，万水千山只等闲。五岭逶迤腾细浪，乌蒙磅礴走泥丸。金沙水拍云崖暖，大渡桥横铁索寒。更喜岷山千里雪，三军过后尽开颜。

1999 年 9 月卢子枢家属捐赠。

050

卢子枢行书秦淮海诗轴

年代：现代

质地：纸本

尺寸：纵 84 厘米、横 34 厘米

款识：录秦淮海诗，卢子枢。

钤印：卢子枢（白文方印）、庚子生（朱文长方印）

释文：幅巾投晓入西园，春动林塘物物鲜。却（憩）小庭才日出，海棠花发麝香眠。袷衣新著倦琴书，散策池塘返照初。翠碧黄鹂相续去，荇丝深处见游鱼。春禽叶底引圆吭，临罢黄庭日正长。满院柳花寒食后，旋钻新火爇炉香。金屋旧题烦乙子，蜜脾新采赖蜂臣。蜻蜓蛱蝶无情思，随例颠忙过一春。

1999 年 9 月卢子枢家属捐赠。

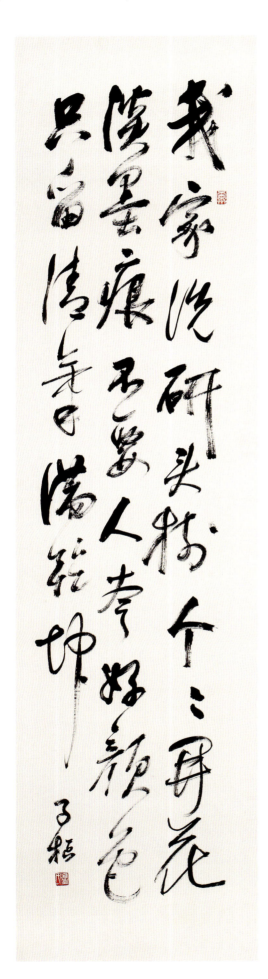

051

卢子枢行书王冕诗轴

年代：现代

质地：纸本

尺寸：纵135厘米、横34.5厘米

款识：录秦淮海诗，卢子枢。

钤印：卢子枢（白文方印）、不蠹斋（白文长方印）

释文：我家洗研（池）头树，个个花开淡墨痕。不要人
夸好颜色，只流清气满乾坤。

1999年9月卢子枢家属捐赠。

052

卢子枢仿董香光山水图轴

年代：1948 年

质地：纸本墨笔

年代：纵 180 厘米、横 82.5 厘米

款识：董思翁天成秀逸，更括董巨及元四大
家之神而出以风韵，可谓极南宗之神奥，尽
破墨之精微。此帧欲学其意，未知有少分相
合否。戊子夏日写于羊城之一顾楼，卢子枢。

钤印：东官卢氏（朱文方印）、子枢书画（白
文方印）

1999 年 9 月卢子枢家属捐赠。

053
卢子枢设色灾痕不见见新村图轴

年代：1959 年

质地：纸本

尺寸：纵 48 厘米、横 78 厘米

款识：灾痕不见见新村。一九五九年十二月，在惠阳参观访问，到处

重建新村，不见水灾后痕迹，此为潼湖公社所见新村一角。卢子枢。

钤印：卢子枢（白文方印）

1999 年 9 月卢子枢家属捐赠。

陽江山色
一九五八年
五月写
子枢

054

卢子枢设色阳江山色图轴

年代：1958 年

质地：纸本

尺寸：纵 33 厘米、横 34 厘米

款识：阳江山色。一九五八年五月写，子枢。

钤印：卢子枢（白文方印）

1999 年 9 月卢子枢家属捐赠。

055

居廉设色花卉螳螂图团扇

年代：1899 年

质地：纸本

尺寸：直径 24.5 厘米

款识：己亥初夏，植生仁兄大人鉴正，隔山老人居廉。

钤印：古泉（朱文方印）

鉴藏印：柏如珍藏（白文长方印）

王匡捐赠。

居廉（1828—1904），字古泉，号隔山老人，广东番禺隔山乡人。居巢从弟，善画花
卉、草虫、人物。画法可上溯恽寿平、陈道复、又受宋光宝影响，后自成一家，笔致工
秀，设色艳丽，为"居派"绘画的代表人物之一。

056

居廉设色鱼虾贝荷叶图斗方

年代：清

质地：纸本

尺寸：纵 30 厘米、横 40.5 厘米

款识：隔山樵子居廉写生。

钤印：古泉（朱文方印）、居廉（白文方印）、戊子生（朱文方印）

1995 年 3 月王匡捐赠。

057

居廉设色瓜果图扇面

年代：清

质地：纸本

尺寸：纵 17.5 厘米、横 48 厘米

款识：壬寅中秋为仲瑜先生鉴正，七十五叟居廉。

钤印：古泉（朱文方印）

1995 年 3 月王匡捐赠。

058

启功行书轴

年代：1978 年

质地：纸本

尺寸：纵 68 厘米、横 40.7 厘米

款识：王匡社长两正，一九七八年岁暮，启功。

钤印：启功（白文方印）、元伯无恙（白文方印）、再壬子以后作（白文长方印）

释文：暝色高楼听玉箫，一称太白惹喧嚣。千年万里登临处，继响缘何在寂寥。词成侧艳无雕饰，弦吹音中律自齐。若有伤心温助教，两行征雁一声鸡。词人身世最堪哀，渐字当头际遇乖。岁岁清明群吊柳，仁宗怕死妓怜才。

1995 年 3 月王匡捐赠。

启功（1912—2005），字元白、元伯，中国当代著名书画家、教育家、古典文献学家。书法擅长行楷，以二王的用笔，欧柳的结体，自成"启功体"，书界评其为"外柔内刚、自然洒脱、清隽儒雅"。

暖毫高楼歌玉啻一孙太尉燕喜宴于宴

萋萋芳草萋萋萋孙何奉守察词球似范

莹莹饰袖吹音中律自高苦有倚以温助敎为

竹径窝一声惟词人才世家兴衣街字宴所

除道飞来清明孝而柳仁宗怕宪妨慷才

王匠社苍南正一九七八年秉春

庚功

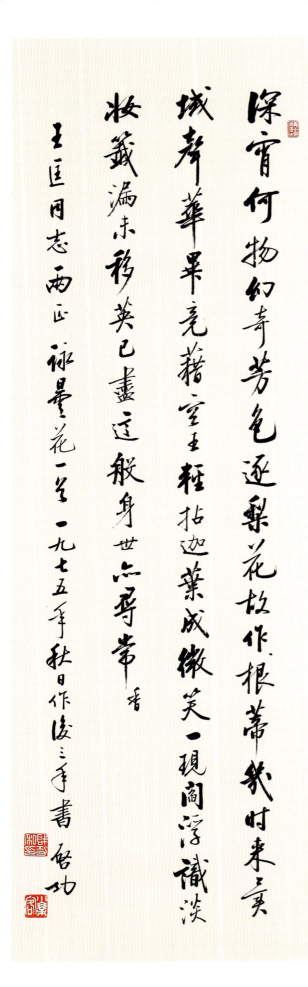

059

启功行书苏东坡词浣溪沙轴

年代：现代

质地：纸本

尺寸：纵 100 厘米、横 33 厘米

款识：王匡先生命书东坡浣溪沙，即乞正腕。启功。

钤印：启功私印（白文方印）、简靖堂（白文随形印）

释文：山下兰芽短浸溪，松间沙路净无泥，萧萧暮雨子规啼。谁道人生无再少，门前流水尚能西，休将白发唱黄鸡。

1995 年 3 月王匡捐赠。

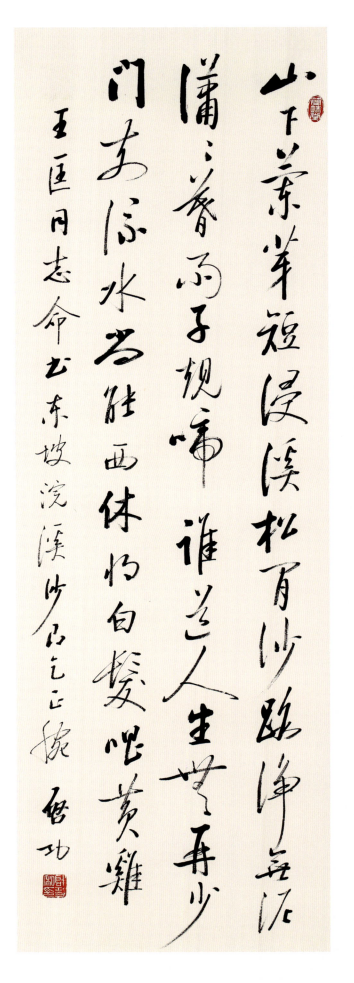

060

启功行书詠昙花轴

年代：1975 年

质地：纸本

尺寸：纵 101 厘米、横 32 厘米

款识：王匡同志两正，咏昙花诗一首，一九七五年秋日作后三
年书，启功。

铃印：启功私印（白文方印）、小乘客（白文方印）、再壬子以
后作（白文长方印）

释文：深宵何物幻奇芳，色逐梨花故作香。根蒂几时来异域，
声华毕竟藉空王。轻拈迦叶成微笑，一现阎浮识淡妆。籤漏未
移英已尽，这般身世亦寻常。

1995 年 3 月王匡捐赠。

061

赖少其隶书周恩来诗轴

年代：1980 年

质地：纸本

尺寸：纵 94 厘米、横 33.3 厘米

款识：周恩来同志诗。王匡同志教字，庚申岁暮，赖少其书。

钤印：赖少其印（白文方印）、书意（朱文长方印）

释文：群鸦恋晚树，孤雁入廖天。

1995 年 3 月王匡捐赠。

赖少其（1915—2000），广东普宁市人，早年参加鲁迅倡导的木刻运动，是现代版画研究会主要负责人之一，任中国文联委员、中国美协和书协常务理事、中国作家协会会员、西泠印社社员。

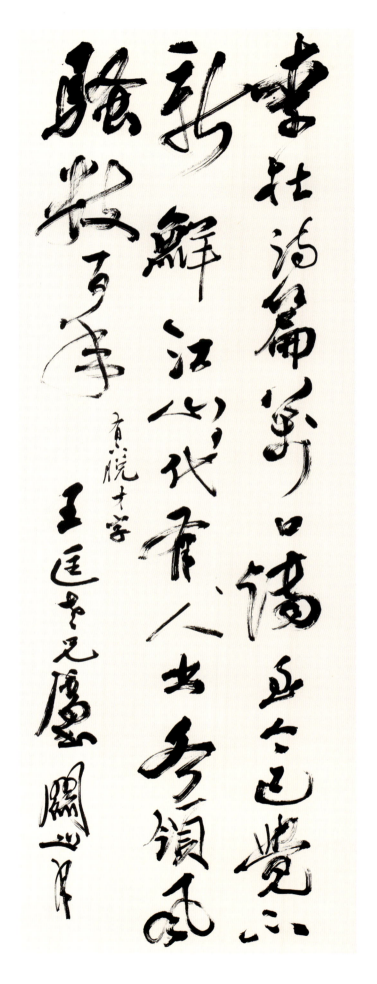

062

关山月草书论诗轴

年代：现代

质地：纸本

尺寸：纵 115 厘米、横 40 厘米

款识：王匡老兄属书，关山月。

释文：李杜诗篇万口传，至今已觉不新鲜。江山代有（才）人出，各领风骚数百年。

1995 年 3 月王匡捐赠。

关山月（1912—2000），中国现代著名国画艺术家，广东阳江人，师从高剑父。其花鸟画构图奇险，笔力雄健，在整体上营造出磅礴的气势和迅疾的节奏。代表作有《江山如此多娇》（与傅抱石合作）、《绿色长城》《俏不争春》等。

063

关山月草书陈树人诗轴

年代：现代

质地：纸本

尺寸：纵 133 厘米、横 32.3 厘米

款识：陈树人赠内诗一首。匡兄方家属书并正腕。漠阳关山月。

钤印：八十年代（朱文长方印）、关山月（白文方印）

释文：任他飞瀑震天鸣，自喜微流带细声。保得永清纯洁体，未
妨低处是前程。

1995 年 3 月王匡捐赠。

064

黄胄水墨驴图轴

年代：1981 年

质地：纸本

尺寸：纵 68 厘米、横 43 厘米

款识：王匡先生法正，辛酉年冬，黄胄。

钤印：黄胄之玺（白文方印）

1995 年 3 月王匡捐赠。

黄胄（1925—1997），河北蠡县人，长安画派代表画家，曾任
中国画研究院副院长，中国美术家协会常务理事。精人物、山
水、花鸟，齐白石画虾、徐悲鸿画马、黄胄画驴，被称为我国
现代画坛"三绝"。

065
宋文治设色太湖山水图轴

年代：1978 年

质地：纸本

尺寸：纵 68 厘米、横 47.5 厘米

款识：王匡同志指教，一九七八年春写于太湖之滨，娄江宋文治。

钤印：文治（朱文方印）、宋灏之印（白文方印）、七十年作（白文长方印）、江南春（朱文方印）

1995 年 3 月王匡捐赠。

宋文治（1919—1999），又名宋灏，江苏太仓人，曾任江苏美协副主席、江苏省国画院副院长等职。早年师从张石园、陆俨少、吴湖帆，致力于山水画创新，风格疏秀，笔墨劲健。

066
关山月设色雪山骏马图轴

年代：1961 年

质地：纸本

尺寸：纵 130 厘米、横 48.5 厘米

款识：王匡同志教我，一九六一年新春于广州，关山月笔。

钤印：岭南人（朱文长方印）、关山月（白文方印）、从生活中来（白文长方印）

1995 年 3 月王匡捐赠。

067
陆俨少水墨竹石图轴

年代：1978 年

质地：纸本

尺寸：纵 69 厘米、横 40.7 厘米

款识：门前无地可栽竹，写此翛翛竹两竿。
一九七八年六月，苦热□记，陆俨少。

钤印：陆俨少（白文方印）、宛若（朱文方
印）、穆如馆（朱文方印）

1995 年 3 月王匡捐赠。

陆俨少（1909—1993），字宛若，上海
嘉定人，浙江画院院长。擅画山水，尤
善于发挥用笔效能，线条疏秀流畅，刚
柔相济，兼作人物、花卉，书法亦独创
一格。

068
黎雄才设色松间奔马图轴

年代：1975 年

质地：纸本

尺寸：纵 96.5 厘米、横 44.8 厘米

款识：田蔚同志雅正，一九七五年冬，雄
才画于广州。

钤印：黎（白文方印）、雄才（朱文方印）

1995 年 3 月王匡捐赠。

黎雄才（1910—2001），广东肇庆人，现
代岭南画派第二代画家的杰出代表，与
赵少昂、关山月、杨善深并称"岭南四
大家"。擅长山水、花鸟、人物，尤精
山水，作品构图清新，章法奇特，气势
豪放，墨色交融。

069

谢稚柳设色芙蓉竹石图轴

年代：现代

质地：纸本

尺寸：纵 89.5 厘米、横 48.2 厘米

款识：王匡同志属正，稚柳。

钤印：稚柳（白文方印）、谢（朱文方印）、壮暮堂书画印（朱文方印）、夕好（朱文方印）

1995 年 3 月王匡捐赠。

谢稚柳（1910—1997），原名稚，字稚柳，江苏常州人。擅长书法及古书画的鉴定。任国家文物局古代书画鉴定小组组长、国家文物鉴定委员会委员，著有《敦煌石室记》《敦煌艺术叙录》《鉴余杂稿》等。

070

黄笃维行书八言联

年代：1996 年

质地：纸本

尺寸：纵 134 厘米、横 32.8 厘米

款识：乙亥秋月书于羊城，黄笃维时年七十七岁。

钤印：黄笃维印（白文方印）

释文：金检玉函河山辉映，书城墨海文字精神。

1997 年黄笃维捐赠。

黄笃维（1918—2004），别名多书，画家。广东开平人。历任中国美术家协会广东分会秘书长、党组副书记、副主席，广东省文艺创作室美术组组长，《广东画报》主编。编著有《广东明清名画集》《黄新波版画集》《黄笃维画集》《黄笃维水彩画集》等。代表作品有《邕江的早晨》《漓江》等。《选种》入选社会主义国家造型艺术展，为中国美术馆等单位收藏。留有"水濂洞天"石刻（位于东莞市水濂山公园）。

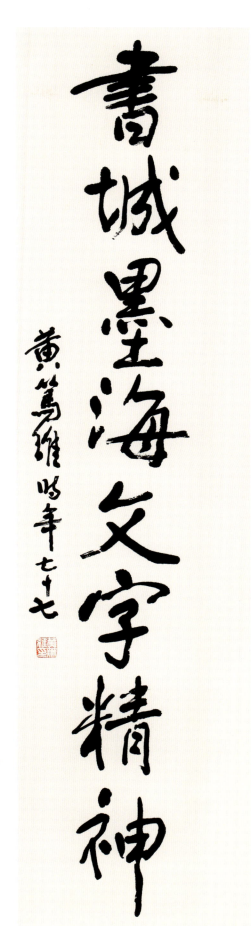

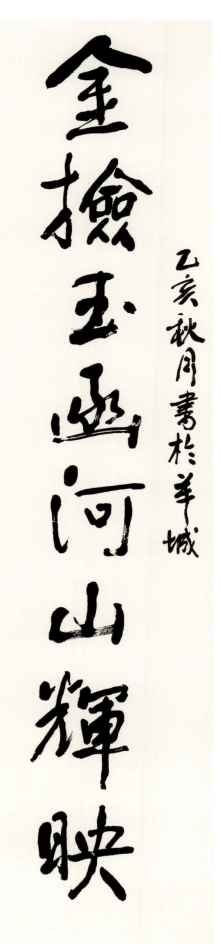

胸中有萬卷書

筆下無一點塵

丙子年書於醉墨樓

為雄時七十八歲

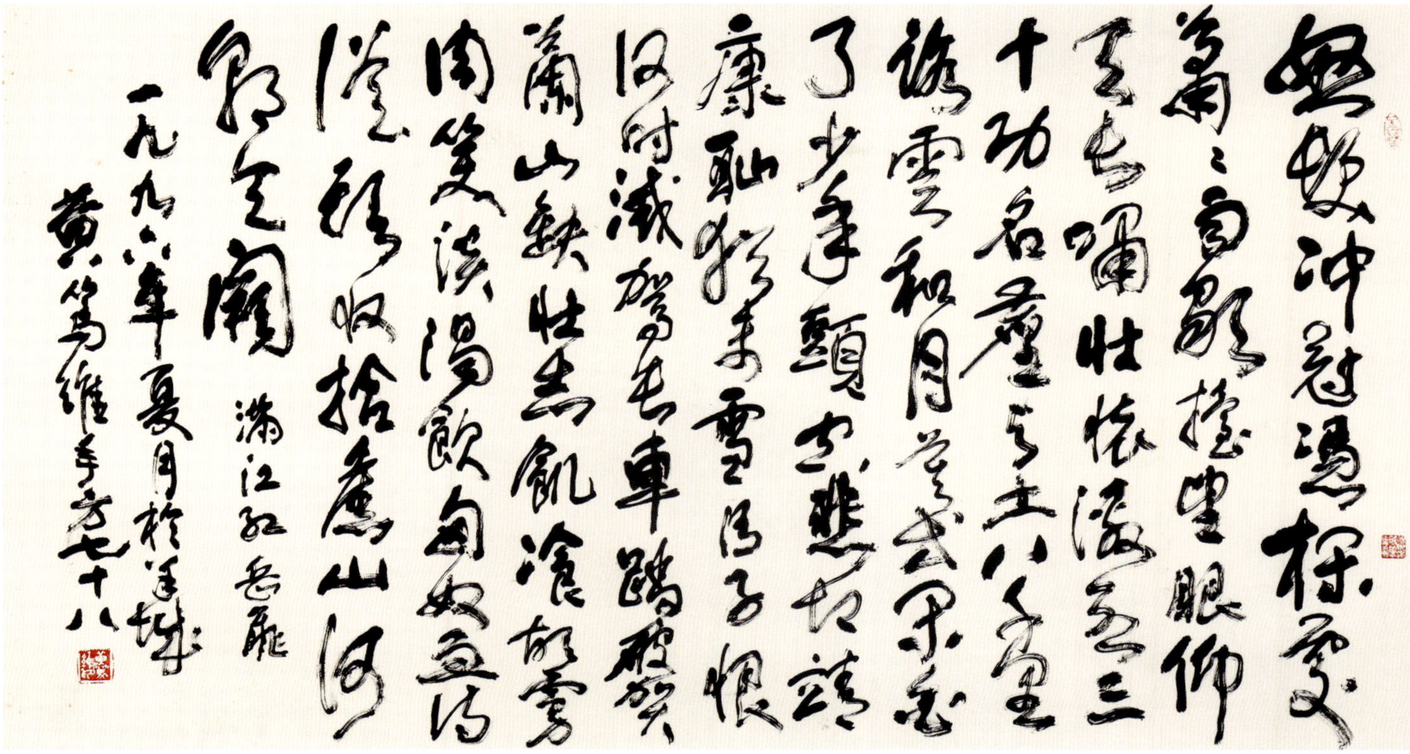

071

黄笃维楷书六言联

年代：1995 年

质地：纸本

尺寸：纵 125 厘米、横 33 厘米

款识：丙子年书于醉墨楼，黄笃维时七十八岁。

钤印：黄笃维玺（白文方印）

释文：胸中有万卷书，笔下无一点尘。

1997 年黄笃维捐赠。

072

黄笃维草书岳飞满江红镜片

年代：1996 年

质地：纸本

尺寸：纵 95.5 厘米、横 172 厘米

款识：满江红，岳飞。一九九六年夏月于羊城，黄笃维年方七十八。

钤印：黄笃维印（白文方印）、砚池春暖笔生花（白文方印）、七十以后作（朱文随形印）

释文：怒发冲冠，凭阑处、潇潇雨歇。抬望眼、仰天长啸，壮同激烈。三十功名尘与土，八千里路云和月。莫等闲、白了少年头，空悲切。靖康耻，犹未雪；臣子恨，何时灭。驾长车、踏破贺兰山缺。壮志饥餐胡虏肉，笑谈渴饮匈奴血。待从头、收拾旧山河，朝天阙。

1997 年黄笃维捐赠。

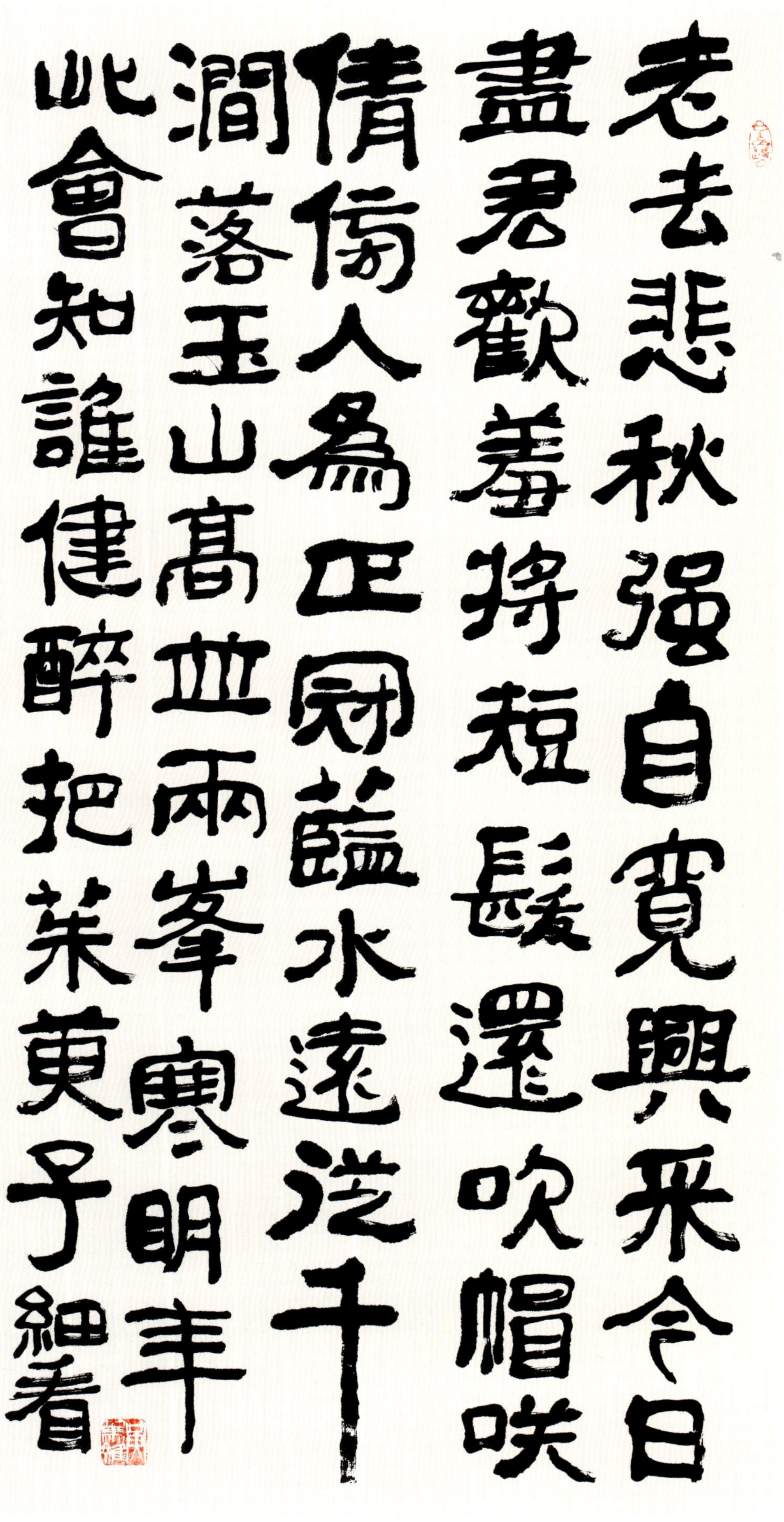

老去悲秋強自寬興來今日
盡君歡羞將短髮還吹帽笑
倩傷人為正冠藍水遠従千
澗落玉山高並兩峯寒明年
此會知誰健醉把茱萸仔細看

073
黄笃维隶书杜甫诗镜片

年代：现代

质地：纸本

尺寸：纵 136 厘米、横 69 厘米

钤印：黄笃维（白文方印）、七十以后作（朱文随形印）

释文：老去悲秋强自宽，兴来今日尽君欢。羞将短发还吹帽，笑倩旁人为正冠。蓝水远从千涧落，玉山高并两峰寒。明年此会知谁健，醉把茱萸仔细看。

1997 年黄笃维捐赠。

074

李汛萍长城万里图卷

年代：1985 – 1987 年

质地：纸本

尺寸：纵 88（1—19 号）+ 118（20—38 号）+ 117（39—50 号）厘米、横 8976 厘米

一套 50 幅。分别为：1.山海关古建复原图（河北），2.角山长城之一（河北），3.角山长城之二（河北），4.三道关之一（河北），5.三道关之二（河北），6.三道关之三（河北），7.金山长城之一（河北），8.金山长城之二（河北），9.金山长城之三（河北），10.峦平长城（河北），11.古北口长城之一（河北），12.古北口长城之二（河北），13.慕田峪长城之一（河北），14.北京市与慕田峪（河北），15.八达岭（河北），16.居庸关之一（河北），17.居庸关之二（河北），18.弹琴峡（河北），19.三楼长城之一（山西），20.三楼长城之二（山西），21.三楼长城之三（山西），22.张家口长城（山西），23.云冈石窟之一（山西），24.云冈石窟之二（山西），25.雁门关（山西），26.小英王点将台（山西），27.杨家将阅兵场（山西），28.恒山悬空寺（山西），29.平型关之一（山西），30.平型关之二（山西），31.杀虎口长城（山西与内蒙交界），32.伊金霍洛长城（内蒙），33.府谷长城（陕西），34.榆林红石峡（陕西），35.靖边大夏国统万城遗址（陕西），36.定边长城（陕西），37.中卫长城（宁夏），38.天祝长城（甘肃），39.天丹长城（甘肃），40.祁连山下山丹农舍（甘肃），41.武威唐代钟楼（甘肃），42.嘉峪关（甘肃），43.戈壁滩上汉长城（甘肃），44.鸣沙山上月牙泉（甘肃），45.敦煌莫高窟（甘肃），46.敦煌古城遗址（甘肃），47.烽火台（甘肃），48.玉门关（甘肃），49.阳关之一（甘肃），50.阳关之二（甘肃）。

图 1、万里长城山海关古建复原图

释文：以老龙头为起点之万里长城是明长城之重要地段，山海关背山面海，形势险要。古人称赞为两京锁钥无双地，万里长城第一关，可谓名副其实。一九八六年八月赴秦皇岛写长城，见有临榆县志记载，明代和清初山海关原建图。

款识：丙寅秋汛萍写于九龙。

钤印：李汛萍（白文方印）

图 30、平型关之二（山西）

释文：平型关。名闻中外之平型关位于晋北，距灵丘县九十公里，此段路程无正常公路，吉普车在崎岖山路上或羊肠小道中，大部份路途在干涸溪涧上颠簸前进，行者捌十六公里抵平型关，山下仰望平型关，如蝇头大眼，看七十度高峰，遍布荆棘，我拨开荆棘，步步攀登，三伏天气，汗流浃背，经一小时冲刺，始抵平型关，为高瞻远瞩，瞭望长城内外，我不辞艰苦，继续攀登，终于登上巅峰。斯时也，一种自豪感油然而生，我年虽过七十，犹似三四十岁壮士也。

款识：一九八六年九月十八日是抗日民族战争五十五周年，亦是我创作万里长城画第一幅之时。年方七十三，李汛萍画并记

钤印：李汛萍（白文方印）

图 50、阳关之二（甘肃）

题识：长城图。长城是中国古代最伟大之建筑物，是人类在世界上建筑最长之军车工程，此显示出中华民族的伟大坚毅和智慧，虽然今天长城失去军事价值，但已成为中华民族伟大创造力的文明纪念碑，装点着我国壮丽河山。

款识：一九八五年十一月，甘肃正在飘雪时，我奔赴河西走廊写长城。一九八六年三伏暑天八月，我再到河北、山西、内蒙古、陕西写长城。一九八七年七月二十五日完成创作。李汛萍画并记。

钤印：李汛萍（白文方印）、师造化（朱文椭圆印）

1993 年李汛萍捐赠。

李汛萍（1913—2000），自幼爱好绘画，1932 年起历任中学体育、美术教师，1979 年开办"汛萍国画苑"，1983 年参加创办香港美术研究会。擅山水，50 岁前取法古人，研习传统技法，50 岁后师法造化，历游名山大川，兼取西画技法，多写真山真水，在传统基础上致力创新，尤喜作巨幅。

李汛萍先生古稀之年，以老当益壮的精神，不远万里踏遍长城内外，靠着一根手杖，顶风冒雪，跋山涉水，历经七个省，行程一万两千多里，寒暑易节，对景写生，历时两年创作《长城万里图》。

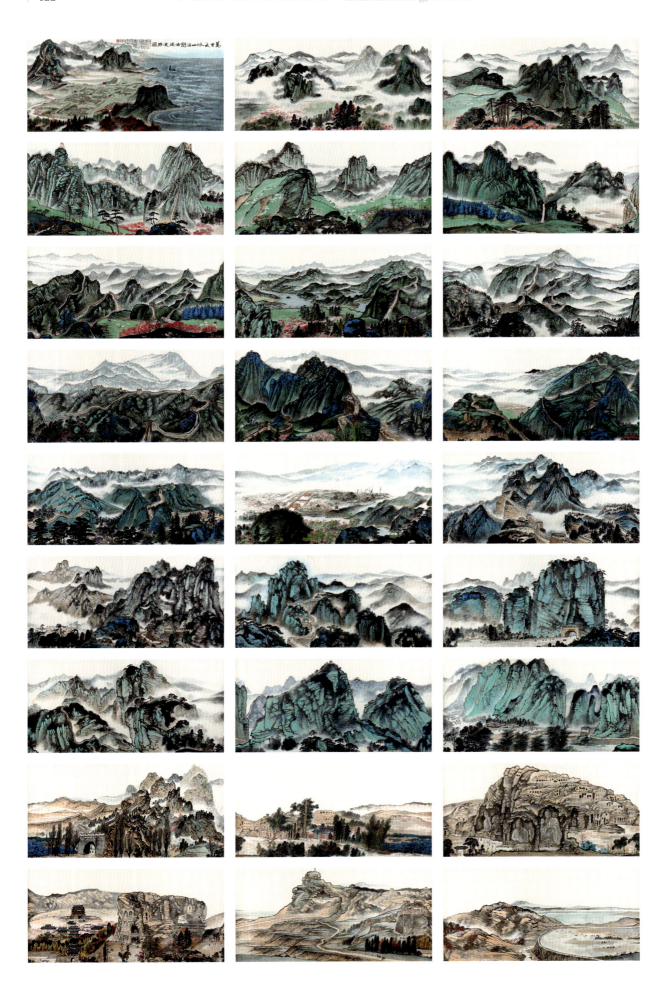

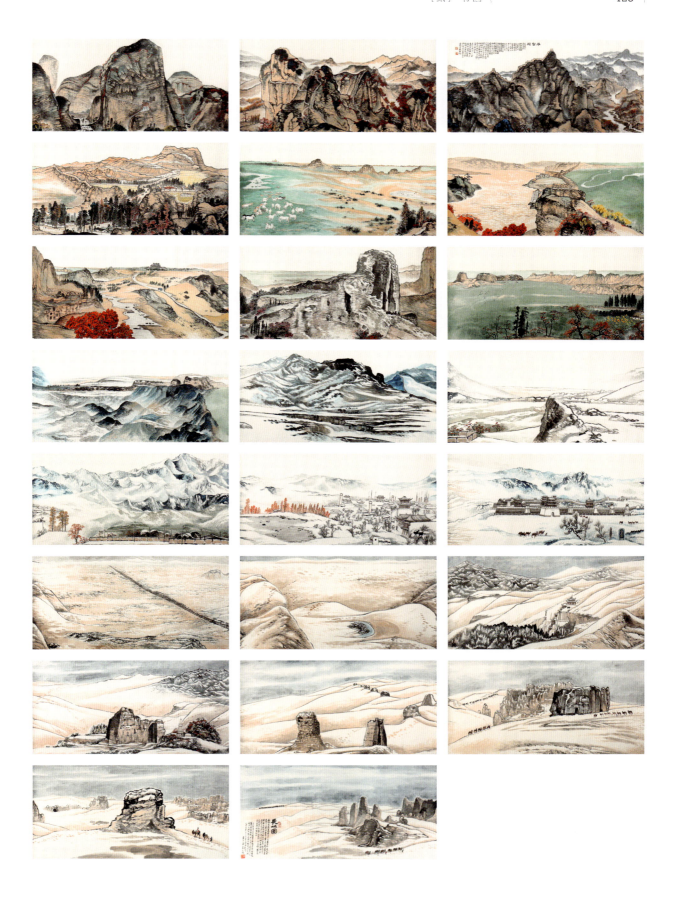

075

黎雄才水墨庐山仙人洞图横幅

年代：1973 年

质地：纸本设色

尺寸：纵 146 厘米、横 273 厘米

题识：暮色苍茫看劲松，乱云飞渡仍从容。天生一个仙人洞，无限风光在险峰。东莞县博物馆存。一九七三年九月，写毛主席诗意，雄才于莞城。

钤印：黎（白文圆印）、雄才（白文方印）、壮丽河山（白文方印）

黎雄才（1910—2001），广东肇庆人，现代岭南画派第二代画家的杰出代表，与赵少昂、关山月、杨善深并称"岭南四大家"。以山水画著称，有"黎家山水"之美誉。先后任中国美术家协会广东分会副主席，岭南画派纪念馆馆长，广东美术学院院长。

076

张家玉画像史料册页

年代：清

质地：纸本

尺寸：纵 25 厘米、横 21.2 厘米

钤印：林伯桐（朱文方印）、黄子高（白文方印）、渔石（朱文方印）、区昌豪（白文方印）、伟川（朱文方印）、香石读（朱文方印）

释文 1：满衣。少妇夜深休闭阁，征人多向梦中归。怀内二首，似美中社兄复之，弟张家玉。舅姪孙璐谨摹勒石。

释文 2：略。

题识 1：渔石明经以其族祖文烈公手迹见示。缺轶颇多，而行墨如新，可宝也。渔石好学慕古，于乡先哲片言只字极力搜罗。矧以文烈公手书，宜其展转购访，割所爱易之也。予闻公有弟曰 璩子者，能诗善画，尤娴武事，今其遗墨犹有存乎？併以询之。道光丙申展重阳番禺林伯桐题。

题识 2：往尝读张芷园答佟军门及某给事书，词气忼㦸，辄想见其为人，窃以不获睹手翰为憾。渔石明经博雅好古，于公为族孙，尝借刻公书摺叠及诗作于石，以贻好事，终以非己所有为歉。乃不惮搜罗，竟得此札。有尊作□□子史及吾家千里驹中兴祥凤也等语，末题熙祉老姪即荣元叔家玉顿首。意其人盖同姓不宗者。中兴二字跳写，其在隆武时欤？公事迹具载明史，文烈之谥当由永历追赠。吉光片羽，不以残阙见捐。吾知渔石守此以为世宝，断不肯落他人手也。道光丙申孟秋番禺黄子高识。

题识 3：族祖文烈公字迹，余仅得见一便面、一诗稿。二者皆有主之

物，因乞借勒石传之。道光丙申，有持片笺见示曰：此公笔也，吾可使主者转易焉。视之则与人书札，内有中兴字，想是起义时事，惜残断，不得明了，幸名款完好，笔势体格与诗稿一律，可互印证，洵真确也。余乃出名迹任择，要以四种，割爱与之，舍彼取此，亦情之结而莫解也。因装池而谨志之。十六年三月下浣族孙璐拜手书跋。

题识 4：余往岁尝从左石崖老画师处得瞻文烈公遗像，及石崖所作《月夜谈兵图》。因题七古一首，以志景仰。得交渔石先生。实于是始，然终以未见手迹为恨。今观此帧，字虽殊缺，尚可想前辈风流。回忆题诗数夕，梦公高堂灆客，揖余入座，若有喜色，及阅肇郡易君宏所为张侯庙碑文，其事亦感诸梦。乃信生为柱石，殁为明神，理固不爽也。道光丙申十月既望，后学番禺区昌豪敬观。

题识 5：题跋后再观遗墨，于中兴麟凤也之下绎得：私心见之不觉狂喜缺一册缺青黄然缺及试缺己转之缺想此缺不啻若口出也昨日缺仰仗以下抬头数字缺人想通国媒缺第一大缺之会等字。余如黄君石谿所识，未审高明以为然否？区伟川再跋。

题识 6：张文烈摺叠石刻，余尝见之渔石明经镌也。兹复示以真迹，从残之余，家不□区伟川悉为释文。忠义公遗，吉光片羽，亦足传期前。余在端州修郡乘，因易秋河为公撰庙碑，遂与同人修秋河墓。今更得觏公手札，重绪一段翰墨缘，不止眼福之增，而渔石可附此并传耳。丁酉八月，黄培芳识。

张家玉后人捐赠。

漁石明經以其　族祖文烈公手蹟見示
鈌軼頗多而行墨如新可寶也　漁石好
學慕古於鄉先哲片言隻字極力搜羅刻
以文烈公手書宜其展轉購訪所愛
易之也予聞公有弟曰璨于者能詩善畫
尤嫻武事今其遺墨猶有存乎併以詢之
道光丙申展重陽番禺林伯桐題

往嘗讀張坒園咨軍門及某給事書詞忼慨
見尤為人鱼以顔親手翰為識　漁石明經博雅好古乃
二屬族孫寰刻之書招叠及詩作於石以貽好古者
為歡乃不憚提羅光時一九詡尊作課練于又及吾千里駒
中興伴□□等阻未趁熙古祖亡即竹尢先阿茸玉郎等莯其人盡闓雝
苗田水屋迫贈吉元府坷本以殘闋兄捐吾知　漁石寸山以為世寶
斷不肎屁他人于也道光丙申盂秋番禺黃子高識

族祖　文烈公書蹟余僅得見一便面一詩搨二者皆有主
之物因乞得勒石傳之道光丙申有持片箋見示曰此
公筆也吾哥使主者轉易焉視之則與人書札內有中興
字想是起義時情緣斷不得明了牽名款完好牽
字體格與詩稿一律可互即證泃事確也余乃出名蹟
住擇奧以四種割愛與之余彼取此亦情之結而莫解也
因聚泥而謹誌之廿六年三月下浣族孫璐拜手事識
金往歲豈泛左石崔老畫師畱滭滭　文烈云
遺像次石崖所作月夜讀兵圖圈題七古一首
以誌景仰溽交　漁石先生實于是指鼓以
未見手蹟為恨今觀此幀字雜殘缺者可想
葡葦風流固懷悲詩數夕夢　云髙雲謹案
撑余人座若有喜色及閱肇郡易奉廬詩
為城隍碑文其事尤感諸夢乃信生為柱
福之墦而漁石可討此英绩可
丁巳八月黃紹昌

石殘為明神理固不爽也
道光丙申十月阮望泩學齋禺區昌篆　敬識
題跋後再歔遠墨於中興穗風此之下縄時私
心見之不覺狂喜於是一冊缺青黃缺及試時缺已拧
之缺想此缺不覺若□出山非日缺仰伏尋缺
人想通圈搏缺第一大缺之令等字餘拈黃畏石
穀而歲未審髙明以為然否　區傳川再識

張文烈梧豐石刻余嘗見之　漁石明經鐫也
荒岐禾以英蹟弙綫之縁弔崮石話近御川表為
釋文烈忠氮我以遂吉光片玉之悉尊荷
紕順郗葉因易秋河為以撰屙群迄與同人臨秋
河蟄夕夺旧颗乇丰札重拾一哀摭墨綠尤張
丁巳八月黃紹昌

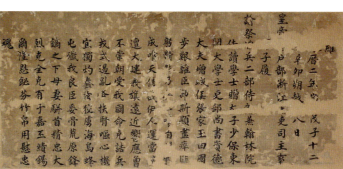

O77
张家玉执笏官服立画像

年代：清

质地：纸本

尺寸：纵 174 厘米、横 77 厘米

诗堂：维（永）历二年，岁□戊子，十二（月）辛卯朔越□八日，皇帝□□户部浙江（清）吏司主事□子履，谕祭（礼）兵二部侍（郎）兼翰林院（侍）读学士赠太子少保东（阁）大学士吏部尚书资德大夫增城侯张家玉曰：国步艰难，臣节斯显。尽瘁匪躬，精□乃□。□□自□，□成唯天。伤哉伊人，运当□遭。大建义旗，远近响应。曾不崇朝，受我国命。克诘兵戎，式遏乱（略）。扶贤呕心，机宜独灼。蠢玄狡虏，海岛蜂屯。殄我良臣，委骨荒原。锋镝之下，母妻骈首。精忠大烈，克全克有。子嘉丕绩，锡尔隆恩。飶芬竹帛，用慰忠魂。

张家玉后人捐赠。

078

黎雄才行书"重过圣女祠"镜片

年代：清

质地：纸本

尺寸：纵 34.2 厘米、横 136.3 厘米

释文：白石岩扉碧藓滋，上清沦谪得归迟。一春梦雨常飘瓦，尽日灵风不满旗。萼绿华来无定所，杜兰香去未移时。玉郎会此通仙籍，忆向天阶问紫芝。

款识：偶忆李义山重过圣女祠，雄才书时年九十九岁。

钤印：端州黎氏（朱文方印）、雄才（白文方印）、大吉祥（白文长方印）

鉴藏印：黄发之印（白文方印）

2015 年 5 月黄发捐赠。

079

王匡"西江月"行书横幅

年代：清

质地：纸本

尺寸：纵 32 厘米、横 83 厘米

释文：一树寒梅似雪，双禽飞舞如云。越王台畔影缤纷，传播岭南春讯。仿佛二居笔墨，更加着意翻新。罗浮终盼远归人，合奏天钧乐韵。西江月。

钤印：灵犀一点（朱文方印）、闲作竹（朱文长方印）

2015 年 5 月黄发捐赠。

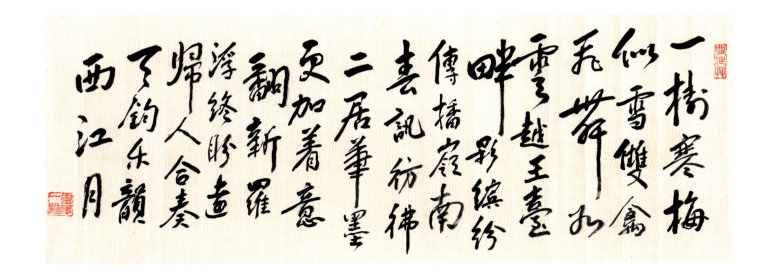

[叁] 杂项

001

清光绪十三年　上海同文书局印吴大澂编《毛公鼎》

纵 22.2 厘米、横 16.2 厘米

线装，重裱重钉

全铭文辞精妙而完整，古奥艰深，是西周散文的代表作，铭文 32 行 499 字，乃现存最长的铭文：完整的册命。共五段：其一，此时局势不宁；其二，宣王命毛公治理邦家内外；其三，给毛公予宣示王命之专权，着重申明未经毛公同意之命令，毛公可谕示臣工不予奉行；其四，告诫勉励之词；其五，赏赐与对扬。是研究西周晚年政治史的重要史料。

无名氏捐赠

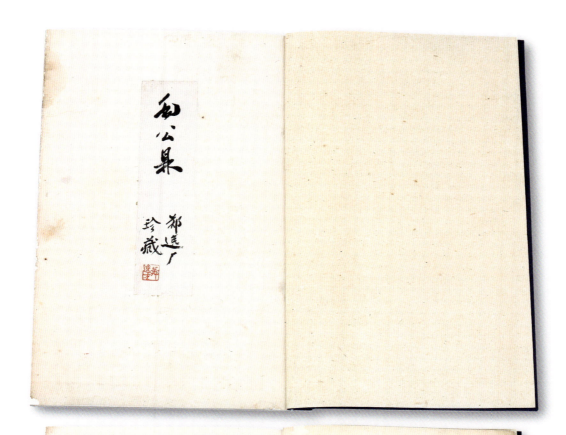

002

1922 年　《疆邨丛书》

纵 23.5 厘米、横 14 厘米

线装，一套 10 册，共 40 册

原古鸿烈藏，1999 年 4 月 14 日古卓勋捐赠。

壬戌十月三次校補印行

彊村叢書序

彊村侍郎校刻唐五代宋金元詞以元忠愍助蒐討其
抱微尚約書成爲序其首今年秋工竣得別集百有十
三家總集所收猶不在此數盛矣哉自汲古以來至於
近時朋舊若四印齋靈鶼閣石蓮山房雙照樓諸刻皆
未足方也雖然彊村是刻之所以獨絕者則尚不因此
蓋嘗取今世所傳國策管晏荀子書錄而知其校雖以
刻各詞猶有劉向家法爲不可及爲按向所校雖以中
書爲主尚取太史書大常書大中大夫卜圭書射聲校
尉立書臣富參書臣向書校除復重定著篇數可見校
据善本猶待參訂也而彊村所校如之其於誤字如以

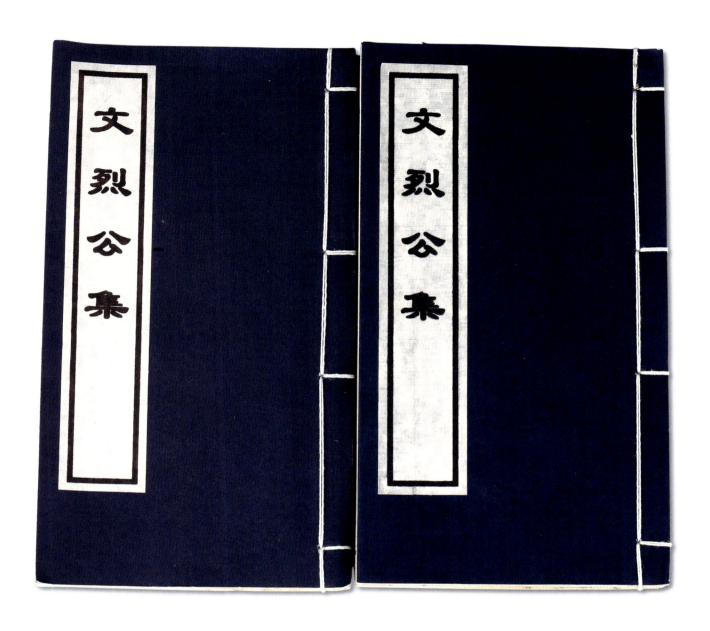

003

民国　张家玉著《文烈公集》

纵 24 厘米、横 13 厘米

重裱重钉，1 册共 46 页

《文烈公集》十卷，家玉侄孙张泰阶编。卷一、卷二已佚，卷三《奏疏》（下），卷四《帖谕》，卷五《书》，卷六、卷七《诗》，卷八《敕书》，卷九《封诰》，卷一〇《赠诰》。《名山集》成书以后的作品及《名山集》未刻的《制艺》、《奏疏》，是编具在。卷三收奏疏十八篇，起自隆武二年二月十一日的《为圣驾动定宜商疏》，则此时之前各疏，及代隆武所撰敕书，当在已佚的卷一、卷二中。卷六、卷七《诗》内，表明《军中遗稿》者共一百零二首。

无名氏捐赠。

文烈公集

卷三

奏疏　下

　　　　東莞張家玉玄子著

　　　　二十四世姪孫泰階信孚重編

為聖駕勤定宜商疏

欽命監軍永勝營兼理江西軍務察畧地方兵馬殘粮勤賜御劎

聯絡即剡招剿便宜行事翰林院侍講東兵科給事中臣張家玉

謹奏

奏為

聖駕勤定宜商臣愚已議盡宜聽伏乞

文烈公集　卷三　奏疏　一　釣璜堂

聖明裁斷以便出入事臣初九日伏對便啟蒙

皇上諄諄臣曰不入閩不興不出閩不成又曰有進死無退生此

志也言

皇上真大有為之王也但臣是日以閩務瑣潰而

聖駕行止一段未詳敗舟兩之江西近事大壞所乾淨者惟廣州

片土耳外此而金奴猖獗土寇縱橫似非

華安駐之時三楚軍聲雖震然民心初附叛背初降勲臣何騰

蛟仟刀于退取似有餘分力于庭

駕恐未足西蜀搖黃一股輔臣王應熊雖捃收拾然三已修阻聲

挬尚逺所恃以為駐足地也者甌閩八郡耳甌閩為

龍飛雲起之地根本宜圖萬一奴騎搁入魚爛粵東無論虔州定

發有掎背之憂而沃壤財賦所出以供諸路軍者竟尔三雒無地

矣為今計一日議寒守以固王基一日議寒戰以恢王業金闗水

陸闗險宜防某設兵若干具兵餉若干將兵者何人糈餉者

何人全盂打算大咼乙定名平廣而辭之日百姓責在撫按逰疆

責在勲臣全閩固守即尔兄弟之功全閩不守即尔兄弟之罪如

是則事權專而彼無瞻冷之念腹心託而彼絶危殺之應矣此守

而寇者也至若長驅進取先在湖東湖東力菌則叩閩旦夕可虞

文烈公集　卷三　奏疏　二　釣璜堂

004

1925 年　东莞养和印务局印陈伯陶著《明季东莞五忠传》

纵 27.5 厘米、横 15.8 厘米

线装一册

本书为民国东莞卖麻街养和书局印，陈伯陶著，钟菁华校印。白纸，前后封皮均衬以万年红纸，封底封皮已佚。本书前有作者自序。分两卷，上卷收袁崇焕传记，下卷收陈策、苏观生、张家玉、陈象明四人传记。末有永晦道人跋文。书后部分天头有损。

无名氏捐赠。

盡出其紕繆舛譌末由考覈此眞不可如何之事非修史者之過也
余昔官京師於官書私乘得近修邑志又徵取其家傳狀誌
乃仿阮文達例重輯五忠傳以訂明史之誤傳成復詳爲之註並疏
通而證明之凡九萬九千餘言因思世之讀明史五忠者於五忠行事或
未究其詳逡別板行之名之曰明季東莞五忠傳夫五忠以身許國
初不爲名計然史筆者不能掃除野史誣訶之私見使後之人猶
歎以爲白璧微瑕斯亦後死者之責也傳中所引雖多秘笈然海內
其存寥見者迹之蕉幾信余言之不謬乎壬戌仲秋晦日九龍眞逸序

明季東莞五忠傳卷上

九龍眞逸著
鍾菁華校印

袁崇煥

袁崇煥字元素一字自如 水南人 生萬曆十二年四
月二十八日戌時 年十四隨祖世祥父子鵬往學西應藤
縣試補邑子員 三十四年鄉薦四十七年成進士觀政工
部授邵武知縣 爲人慷慨負膽略好談兵遇老校退辛輒與論
塞上事曉其阨塞情形以邊才自許
天啓二年正月 大清兵破西平堡 孫得功
以廣甯降王化貞熊廷弼俱走入關京師戒嚴 崇煥時得大計
至都語人曰遼事棘矣余單騎出閱關內外及歸狀其言關上形

005

清　铜蟹

长 17 厘米、宽 9.3 厘米

一对，铜质，取螃蟹造型，构思巧妙。材质厚重，纹饰肌理写
实生动，铸造工艺精湛。

袁九记捐赠。

006

清中期　素身双耳三足铜炉

高 15.2 厘米、口径 9 厘米

整体造型古朴端庄，三足敦实，包浆醇厚古朴，保存完整。

欧静山捐赠。

007
清 夔龙纹铜爵

高 11.7 厘米、宽 11.5 厘米

古代一种酒器，用于温酒和饮酒。流行于商代至西周时期，此器为清代仿制。

欧静山捐赠。

008
战国 铜箭镞

长 5.8 厘米

镞即箭头。有双翼、三棱、平头、圆锥多种造型，商代至西周多为双翼式，春秋多为三棱式或圆锥式，战国多为三棱式。

2009 年 12 月 1 日向吉电捐赠。

009

中华民国　木刻道滘兴隆街"荣华"印板

纵 32.5 厘米、横 27.5 厘米、厚 1.2 厘米

正方形，红色，中间圆形圈里刻"荣华"两字，下面刻"童叟

无欺""价实货真"。为东莞市道滘镇兴隆街叶氏"荣华"店铺货品包装纸印板。

2009 年东莞市莞城区博厦村叶更生捐赠。

010

清光绪　金木雕龙纹狮足康王轿

高 170 厘米、宽 92 厘米、厚 80 厘米

红木，五屏式座围，由背板、扶手五扇组成围子，中间高，两边稍低，靠背搭脑及扶手雕龙纹，足饰兽面纹，雕琢工艺精细，线条挺拔、硬朗，打磨光滑。

2013 年 11 月 15 日东莞市石排镇横山村委捐赠。

"康王宝诞"是广东省东莞市石排镇塘尾村和横山村盛大的民俗活动，有着近三百年的历史，每逢农历七月初一和初七，全村男女老幼敲锣打鼓，"抬大神"巡游，以纪念北宋抗辽名将康王（康保裔）的生日，祈求平安好运。

"康王宝诞"活动主要包括：初一解秽、出位、沐浴、更衣、壮行、巡游，初二至初六供奉拜祭，初七赞寿、出巡、答地头、安座等。最具特色的是"康王巡游"，初七晚上的"千人宴"和"神灯竞投"则把一年一度的"康王宝诞"活动推向高潮。

据村中老人回忆，"康王宝诞"民俗活动最壮观的应数清光绪时期。这件康王轿就是当时"康王宝诞"活动中"康王巡游"环节康王的坐轿。

011

明　石刻方形朱文"北斗·星君之宝"印

高 3.2 厘米、宽 11 厘米

正方形，印文为阳刻篆书"北斗星君之宝"六字。篆文刚健有力，印面尚存残红。

东莞市莞城东门城基下出土，1970 年 12 月罗彭捐赠。

012

清中期　象牙雕人物风景图饰件

高 9.2 厘米、上宽 2.2 厘米、直宽 6.3 厘米

扇形，上窄下宽。通体镂雕锦地人物花鸟图，薄如蝉翼。纹饰简朴大方，刀法圆润流畅，上下两端各有一孔，为镶嵌饰件，属广东牙雕工艺。

无名氏捐赠。

013
清中期　竹雕竹林七贤图凉筒
高 22 厘米、口径 6.5 厘米

镂雕通景"竹林七贤"图，画面奇石重叠，松树挺拔，竹
林深远，工艺精湛。凉筒为搂于胸前降温之器。
无名氏捐赠。

014

清道光　杉木仲尼式琴

长 118 厘米、宽 18 厘米

面板为老杉木，底板为梓木，造型简约、古朴。

无名氏捐赠。

015

清晚期　广绣花鸟纹帘

纵 276 厘米、横 98 厘米

在白色锦绫上用彩线绣花鸟麒麟等多种图案，镶绿色底花鸟纹边。此帘采用了打子、平绣、接绣、平针、抢针等针法。

东莞市莞城区头街麦宝贤捐赠。

016

清同治　蓝纱排金绣龙纹莽袍

高 132 厘米、宽 210 厘米

靛蓝色纱织成，用金丝排绣云龙纹，领绣五龙，马蹄形袖口各
绣一龙，身绣九龙。属江南织造处产品。

东莞市莞城区头街麦宝贤捐赠。

017

恐龙蛋化石

纵 36 厘米、横 30 厘米

长椭圆形，5 个连在一起。

2007 年 2 月 28 日广西籍在东莞务工人员姚耀宁捐赠。

018

明　唐褚遂良书《三藏圣教序》拓片

纵 172 厘米、横 84.5 厘米

《大唐三藏圣教序》，简称《圣教序》，由唐太宗撰写。最早由唐初四大书法家之一的褚遂良所书，称为《雁塔圣教序》，后由沙门怀仁从王羲之书法中集字，刻制成碑文，称《唐集右军圣教序并记》，或《怀仁集王羲之书圣教序》，因碑首横刻有七尊佛像，又名《七佛圣教序》。无名氏捐赠。

莫能一其指歸曲學易遵邪正於焉紛糾所以空有之論或習俗而是非大小之乘乍沿時而隆替有玄奘法師者法門之領袖也幼懷貞敏早悟三空之心長契神情先苞四忍之行松風水月未足比其清華

仙露明珠詎能方其朗潤故以智通無累神測未形超六塵而迥出只千古而無對凝心內境悲正法之陵遲栖慮玄門慨深文之訛謬思欲分條析理廣彼前聞截偽續真開茲後學是以翹心淨土往遊西域

乘危遠邁杖策孤征積雪晨飛途間失地驚砂夕起空外迷天萬里山川撥煙霞而進影百重寒暑躡霜雨而前蹤誠重勞輕求深願達周遊西宇十有七年窮歷道邦詢求正教雙林八水味道餐風鹿苑鷲

峰瞻奇仰異承至言於先聖受真教於上賢探賾妙門精窮奧業一乘五律之道馳驟於心田八藏三篋之文波濤於口海爰自所歷之國總將三藏要文凡六百五十七部譯布中夏宣揚勝業引慈雲於西極

注法雨於東垂聖教缺而復全蒼生罪而還福濕火宅之乾焰共拔迷途朗愛水之昏波同臻彼岸是知惡因業墜善以緣昇昇墜之端惟人所託譬夫桂生高嶺雲露方得泫其花蓮出綠波飛塵不能污其葉非

蓮性自潔而桂質本貞良由所附者高則微物不能累所憑者淨則濁類不能沾夫以卉木無知猶資善而成善況乎人倫有識不緣慶而求慶方冀茲經流施將日月而無窮斯福遐敷與乾坤而永大

大訖風雲之潤沾斁
以輕塵足嶽墜露添
流略舉大綱以為斯
我皇福臻同二儀之
囘次見

恒明自非久植勝緣
何以顯揚斯旨所謂
法相常住齊三光之
明
勒於弘福寺翻譯聖

之無質尋印度之真
懷聰令立志夷簡神
淄澠字頻登雪嶺更
遠涉恒河終期
禪巡遊十地盟三
遐跡幽巖棲息三
華之世凝情定室
塵遠蛻於是百川
異流同會於海万

西葉之文澤及昆
蠹金匱流梵說之
渴遂使阿耨達水
道神甸之八川俱
闡崛山接嵩華之

皇帝陛下
上玄資福垂拱而
治八荒德被黔黎
毅往而朝萬國恩
譯嶺彩

皇帝在春宮日製
文尚書右僕射上
柱國河南郡開國公
臣褚遂良書
記萬文韶

永徽四年歲次癸丑
十二月戊寅朔十日
御製眾經論序照古
騰今理含金石之聲

教要文凡六百五十
七部引大海之法流
洗塵勞而不竭傳智
燈之長燄皎幽暗而
半珠問道往還十有

七載備通釋典利物
為心以貞觀十九年
二月六日奉
敕少伽維會一乘之
旨隨機化物以中華

區分義摠成乎資
誕與湯武校其優
劣堯舜比其聖德
者哉玄奘法師者
法性凝慇歸

而不通智地者
奧感懇誠而遂顯
宣謂重昏之夜燭
慧炬之光火宅之
降伏两途遂捷

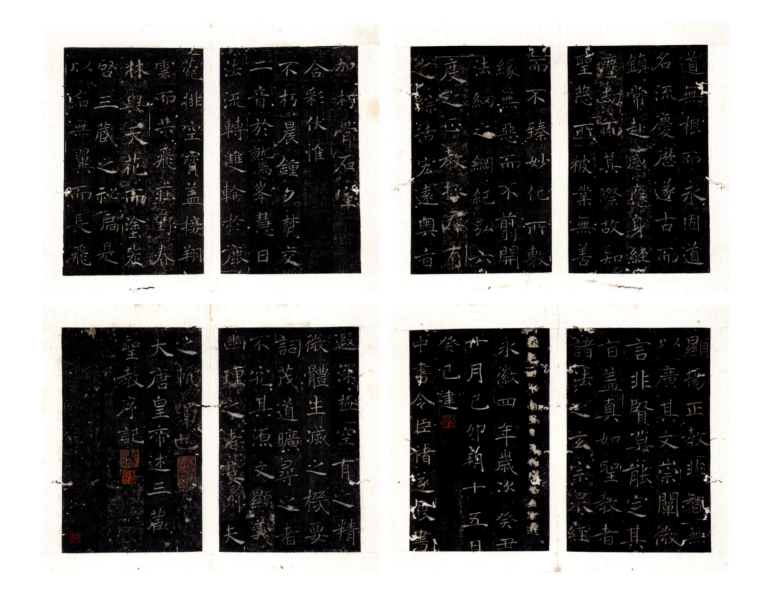

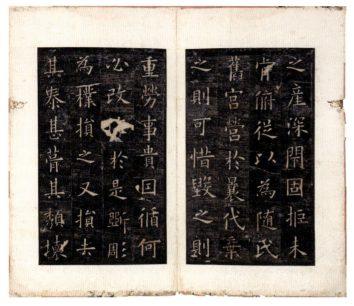

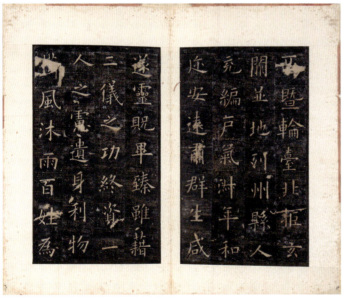
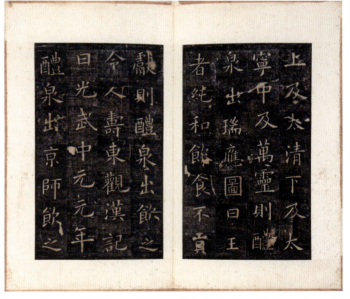

019

明 《九成宫醴泉铭》拓片

纵 26.4 厘米、横 15.9 厘米

欧阳询《九成宫醴泉铭》，贞观六年（632）四月刻，魏徵撰，碑文二十四行，行四十九字，额阳文篆"九成宫醴泉铭"六字。《九成宫醴泉铭》是欧阳询晚年所写书法，浑厚沉劲，意态饱满。写撇、捺常用圆笔，显得圆融流畅。写弯钩用转法，曲圆较长，适成全字有力的支撑。这些表现了溶隶于楷的特点。

无名氏捐赠。

於往昔歟祥為懼
實永驗於當今斯
乃上帝玄符天
子茂德豈臣之末

學所能丕顯但職
在記言屬茲書事
不可使國之盛美
有遺典策敢陳實

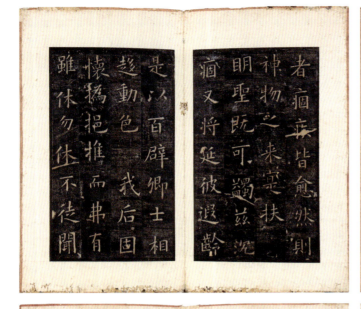

者徊並皆愈然則
神物之來寔扶
明聖既可蠲茲沈
痼又將延彼遐齡

是以百辟卿士相
趍動色一我后固
懷撝挹推而弗有
雖休勿休不徒聞

竭其力我享其功
者也賒昔之池沼
咸引谷澗宮城之
內本乏水而求而

無之在乎一物既
非人力所致聖
心懷之不忘學以
四月甲申朔旬有

恩之不竭將玄澤
之常流匪唯乾象
之精蓋亦坤靈之
寶謹案禮緯云王

者刑殺當罪賞錫
當功得禮之宜則
醴泉出於闕庭鶤
冠子曰聖人之德

功壹海內終以文
德懷遠人東越青
丘南踰丹徼皆獻
琛奉贄重譯來王

泉不能尚也
皇帝爱在弱冠經
營四方逮乎立年
撫臨億兆始以武

山抗殿絕巘為池
跨水架楹分巖竦
闕高閣周建長廊
起棟宇聚萬臺榭

爰集仰視則迢遞
百尋下臨則崢嶸
千仞珠璧交映金
碧相暉照灼雲霞

六日己亥上及中宮歷覽臺觀閒步西城之陰躊躇高閣之下俯察厥
土微覺有潤因而以杖導之有泉隨而涌出乃承以石檻引為一渠其清

心憂勞成疾同堯肌之如腊甚禹足之胼胝針石屢加腠理猶滯爰居京
室每弊炎暑群下請建離宮庶可怡神養性聖上愛一夫之力惜十家

史上善降祥上智斯悅流謙潤下潤瀅潔薦白醴甘冰凝鏡澈用之日
新挹之無竭道隨時泰慶與泉流我后夕惕雖休勿休居崇茅宇樂不

雜丹墀以沙礫間粉壁以塗泥玉砌接於土階茅茨續於瓊室仰觀壯麗
可作鑒於既往俯察卑儉足垂訓於後昆此所謂至人無為大聖不作彼

人書契未紀開闢不臣冠冕並襲琛贄咸陳大道無名上德不德玄功潛
運幾深莫測鑿井而飲耕田而食靡謝天功安知帝力上天之載無臭無

若鏡味甘如醴南注丹霄之右東流度於雙闕貫穿青瑣縈帶紫房激揚
清波滌蕩瑕穢可以導養正性可以澄瑩心神鑒映群形潤生萬物同湛

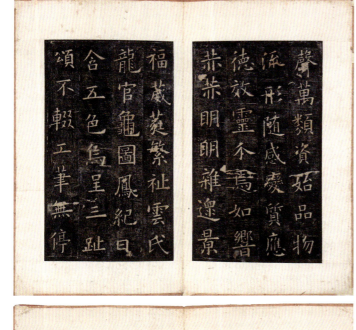

九成宮醴泉銘
秘書監檢校侍
中鉅鹿郡公臣
魏徵奉勅撰

維貞觀六年孟夏
之月皇帝避暑
乎九成之宮此則
隨之仁壽宮也冠

錄及勒斯銘其詞
曰惟皇撫運奄
壹寰宇千載膺期
萬物斯覩功高

霧勤諮伯禹絕後
卷前登三邁五握
機蹈矩乃聖乃神
武克禍亂文懷遠

福藏蕤繁祉雲氏
龍官龜圖鳳紀日
含五色為呈三趾
頌不輟工筆無停

聲萬類資始品物
流形隨感應質應
德效靈不爽如響
恭恭明朗雜邊景

般遊黃屋非貴天
下為憂人玩其華
我取其實還淳返
本代文以質居高

思隊持滿戒溢念
茲在茲永保貞吉
兼太子率更令
勃海男臣歐陽

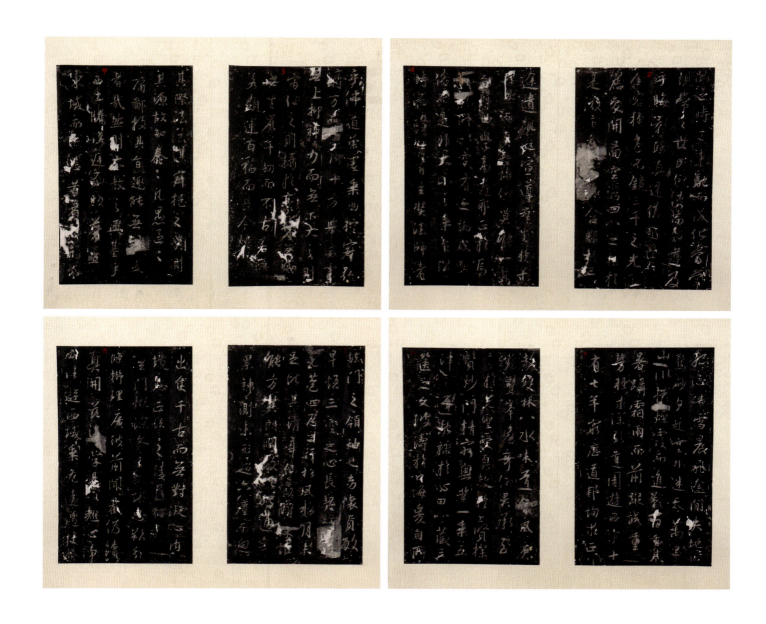

020

清　唐怀仁集王羲之书《圣教序》拓片

纵 26.3 厘米、横 15.8 厘米

碑文选自王书各帖，如知、趣、或、群、然、林、怀、将、风、朗、是、崇、幽、托、为、揽、时、集等字皆取自《兰亭序》。由于怀仁对于书学的深厚造诣和严谨态度，使得此碑点画气势、起落转侧，纤微克肖，充分地体现了王书的特点与韵味，达到了位置天然、章法秩理、平和简静的境界。无名氏捐赠。

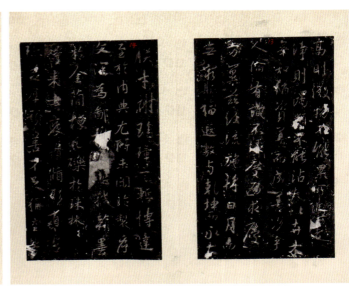

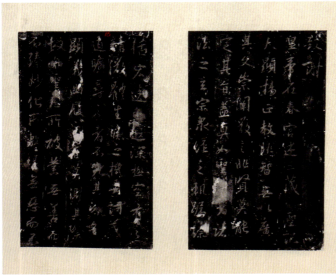

021

清　绢本手抄"孟子"夹带

纵40厘米、横52厘米。

4幅。方形。绢本，墨写行书《孟子》，有红色标注。文字细
小，用于考试作弊。

东莞市道滘镇永庆村叶伯福捐赠。

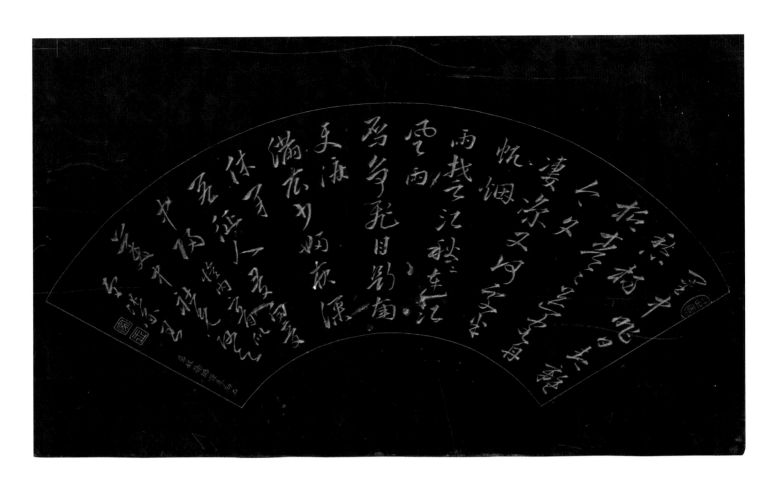

022

清道光　石刻张家玉"怀内"诗扇面帖板

纵 33 厘米、横 54 厘米、厚 4.7 厘米。

长方形。青石，浅刻一扇形，内刻行草张家玉《怀内》诗文两
首。扇面原件为可园主人张敬修所藏，道光时东莞篁村人张璐
摹刻于石，镶嵌于东莞市博厦村张氏大宗祠壁。

张氏大宗祠捐赠。

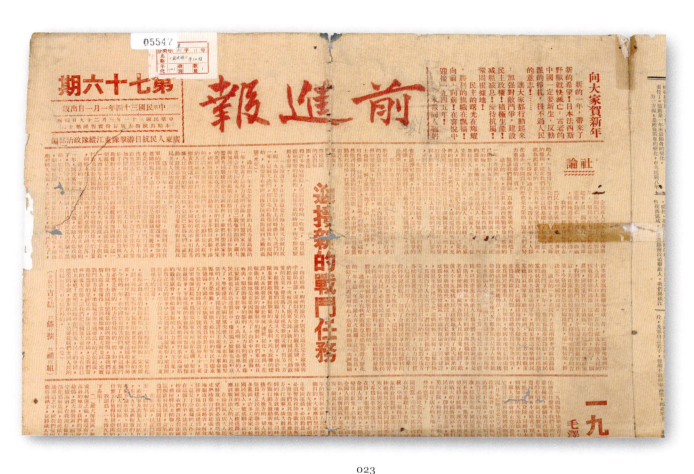

023

抗战时期　广东省抗日游击队东江纵队政治部第七十六期《前进报》

纵 53.5 厘米、横 76.5 厘米

质地：纸

中华民国三十四年一月一日出版，本期出版四大版，广东省抗日游击队东江纵队政治部编。

1959 年 2 月 22 日东莞市中堂镇黄涌村黎敏捐赠

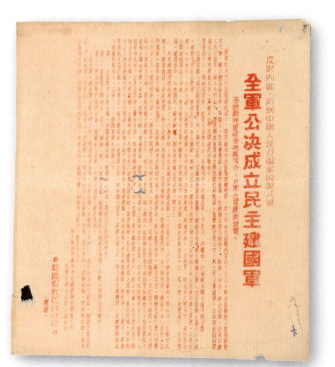

024

解放战争时期　前进报社《全民公决成立民主建国军》传单

纵 26.3 厘米、横 22.7 厘米

质地：纸

中华民国三十四年十月三十日前进报社江南分社出版。内容：全军公决成立民主建国军书，高树勋将军被奉命为总司令，并发表通电，反对内战。

李志文捐赠。

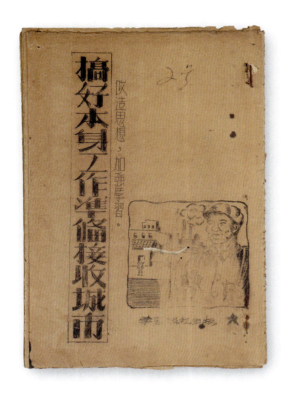

025
解放战争时期 《加紧努力迎接胜利》册
纵 18 厘米、横 13.5 厘米

中华民国三十七年十二月二十四日刊印，油印本。内容：江南地委尹同
志在地委会议闭幕典礼上的讲话稿。

1959 年 3 月 2 日东莞市东城区火炼树村罗耀基捐赠。

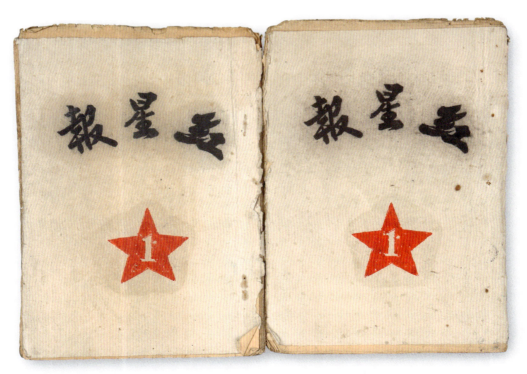

026
解放战争时期 江南地委《红星报》第一期
纵 19 厘米、横 13 厘米

两种版：一式三册、一式二册。

中华民国三十八年七月十日出版，华刊 43 号、44 号，江南地委红星报编委会主编。

1959 年 2 月 23 日东莞市麻涌镇祝如亮捐赠。

027

**解放战争时期　粤赣湘边纵队东江第一支队印
"上沙匪帮出劫书村被我强大民兵击退"传单**

纵 36.5 厘米、横 26.4 厘米

中华民国三十八年六月八日刊印，东江纵队油印传单。内
容：普遍组织民兵保护自己生命财产，才能有效支援人民
解放军，争取家乡的早日解放。

1966 年 11 月 1 日东莞市常平名镇周吼涛捐赠。

028

**抗战时期　前哨出版社前哨文粹第二辑
《两封信》册**

纵 17.5 厘米、横 14.5 厘米

中华民国三十四年三月一日出版，前哨出版社出版。

本册收集 2 封信："毛泽东给林彪的信"和"刘于
久关于学习问题给淮北区党委的信"。

1966 年 11 月 1 日东莞市常平名镇周吼涛捐赠。

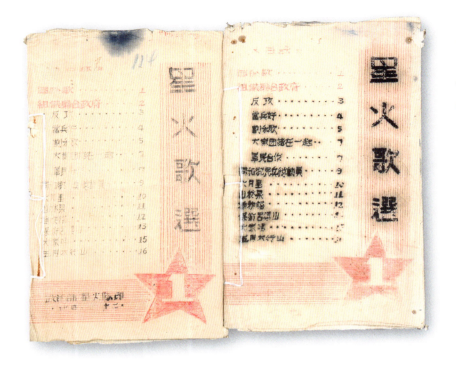

029

解放战争时期　东纵政治部星火队《星火歌选》第一册

纵 17 厘米、横 10.5 厘米

2 册。中华民国三十四年十二月，东江纵队政治部星火队油印。

1959 年 2 月 28 日江福粦捐赠。

030

抗战时期　广东人民抗日游击队东江纵队东莞大队长张英名片

纵 10 厘米、横 4.7 厘米

1966 年 11 月 1 日东莞市茶山镇钟统捐赠。

031

抗战时期　东江纵队前哨出版社《油印经验介绍》册

纵 15 厘米、横 12 厘米

东江纵队前哨出版社刊印。内容：介绍三个基本印刷方法。

1966 年 11 月东莞市常平镇周吼涛捐赠。

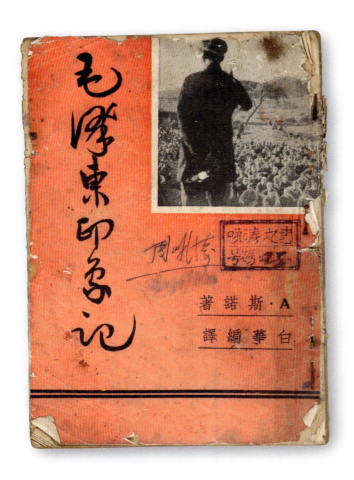

032

抗战时期　斯诺《毛泽东印象记》

纵 18.5 厘米、横 13 厘米

中华民国二十六年十一月五日进步图书馆出版，斯诺所著《毛泽东印象记》为 32 开本，纸张旧黄、边沿残损，全书共 59 页，约 3 万余字。对研究毛泽东和中共的历史具有重要价值。

1965 年 11 月 3 日常平周吼涛捐赠。

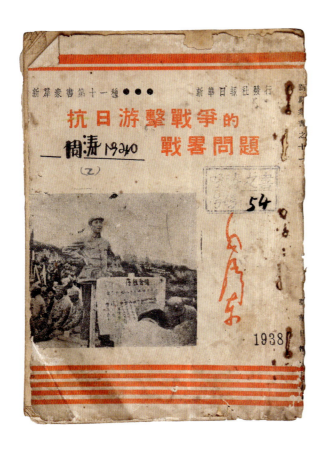

033
抗战时期　毛泽东《抗日游击战争的战略问题》
纵 18.5 厘米、横 12.8 厘米

中华民国二十七年六月二十九日再版，新华日报社编辑出版。毛泽东的《抗日游击战争的战略问题》，对统一和提高全党全军对抗日游击战略地位的认识，促进抗日游击战争的迅猛发展起了重要作用。

1965 年 11 月 12 日东莞市常平镇周吼涛捐赠。

034
1949 年　《东莞县军事管制会员会布告》传单
纵 78.6 厘米、横 54 厘米

这份布告于 1949 年 10 月 17 日由东莞县军事管制委员会发布，盖有"东莞县军事管制委员会关防"红色大印，成为明确东莞解放日期的重要证据。

1949 年 10 月 17 日，中国人民解放军粤赣湘边纵队东江第一支队第三团在团长麦定唐、副团长何棠、政治委员杨培等率领下浩浩荡荡列队进入莞城。东一支三团进城后，立即宣布成立东莞县军事管制委员会，祁烽任主任，杨培、麦定唐、卢焕光任副主任，同时张贴布告，宣告东莞解放。这张布告即为当时发布的原件，见证了东莞的解放，具有重要的史料价值和纪念意义。

这份布告为张况先生捐赠，当时还是东莞中学学生的张况，接到了四处张贴发放解放公告的任务，意识到这份公告的价值所在，于是留藏了一份。2005 年，当他看到《东莞日报》刊登东莞市博物馆征集文物的消息，无偿捐出这份他珍藏了 50 多年的布告。

2005 年东莞市莞城区张况捐赠。

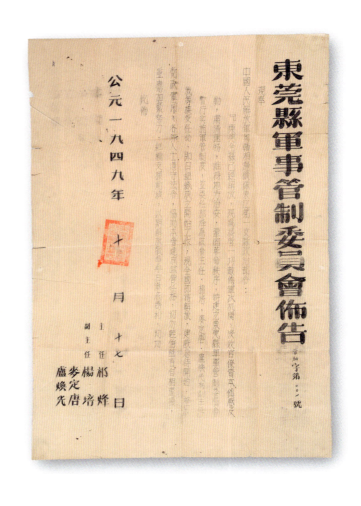

035
中华人民共和国　抗美援朝李云祥烈士的日记本

纵 17 厘米、横 12 厘米

日记封面是黑色，日记内容是从 1952 年 6 月 25 日到 1952 年 8 月 20 日止。1944 年 6 月，正在东莞中学读书的李云祥参加东江纵队举办的青训班，成为一名少年抗日战士。1950 年，朝鲜战争爆发，李云祥所在的部队奉命入朝参战。1952 年 10 月，李云祥在朝鲜光荣牺牲。

2007 年 8 月李锦成捐赠。

李云祥 (1930—1952)，东莞高上江城人。14 岁入伍，成为东纵抗日小兵；17 岁开坦克，是解放军第一批坦克兵；22 岁入朝参战，当年 10 月，在掩护坦克时被炮火击中，长眠在朝鲜铁原。

036
中华人民共和国　李云祥烈士用过的毛毯

长 194 厘米、宽 160 厘米

军绿色，呢绒面料，长方形、破损。

2007 年 8 月李锦成捐赠。

037

中华人民共和国 蒋光鼐穿过的中山装

高 68 厘米、肩宽 38 厘米

1988 年 12 月蒋建国先生捐赠。

038

中华人民共和国 蒋光鼐穿过的西服

高 70 厘米、肩宽 40 厘米

1988 年 12 月蒋建国先生捐赠。

039

中华人民共和国 蒋光鼐使用过的礼帽

长 33 厘米、宽 29.5 厘米、高 14 厘米

黑色，棉质，圆顶式，下施宽阔帽檐，帽檐的一般是两边往上翘起的。

1988 年 12 月蒋建国先生捐赠。

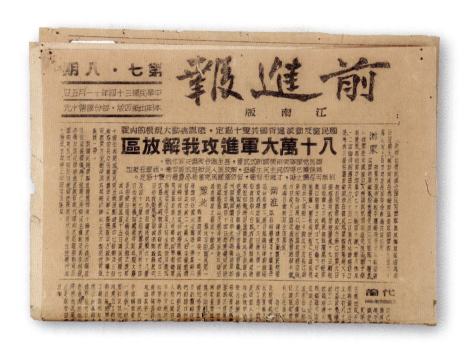

040

抗战时期　华南敌后东江纵队第七、八期《前进报》

纵 39 厘米、横 53.5 厘米

中华民国三十四年十一月五日出版，本期出版四版。《前进报》是抗日战争时期华南敌后东江纵队的机关报。在艰苦的战争岁月里，《前进报》顽强地战斗在广阔的东江敌后战场，为宣传抗日救国立过汉马功劳。刻字工整秀丽、印刷清新美观。
李志文捐赠。

041

1912 年　革命军功牌

纵 6.3 厘米、横 3.8 厘米、厚 0.1 厘米

铜质。上方是青天白日旗与五色旗图案，两旗中铸有同盟会会徽；正中竖写楷书"革命军功牌"5 字；左边铸有"敢死军刘仲"5 字，右边为"雄鹰、鹿和梅花"三种图案；下方左右角分别有同盟会会徽；正下方铸有"中华民国元年"字样。

1911 年爆发的辛亥革命是以推翻封建君主专制制度，建立资产阶级共和国为目标的资产阶级民主革命，是中国旧民主革命时期一次具有伟大历史意义的革命运动。广东是这场运动中革命斗争最活跃的省份。自武昌起义胜利后，全国各地纷纷响应，广州也在轰轰烈烈的革命浪潮下，宣告光复。在广州光复之际，各地民军纷纷涌入，为推翻清政府的统治起到了积极的作用。其中，谭瀛领导的"瀛字敢死军"就参与了此次行动。谭瀛，广东惠州人，他组织的民军"瀛字敢死军"是在 1911 年"三二九"起义之后成立的，成员包括部分居留港九、惠州等地的工人和一些樟木头、增城等地被压迫的农民。在光复广州的行动中，瀛字敢死军担任攻城敢死先锋队，东莞人刘仲作为敢死军成员参与了此次行动。此枚军功牌即为 1912 年同盟会为褒奖志士而颁发给刘仲的，也是辛亥革命那段历史的珍贵见证。
东莞市虎门镇北面村刘仲捐赠。

042

解放战争时期　黄介用过的手表

直径 3.5 厘米、厚 0.9 厘米

2001 年 11 月 15 日黄介遗孀卢当捐赠。

黄介（1917—1993），东莞大朗松木山人。1939 年 3 月参加抗日游击队，同年 9 月加入中国共产党。参加大小战斗 80 余次，其中在东莞地区参加了百花洞战斗、黄猄坑战斗、梅塘战斗等一系列战斗。解放后，历任广东军区珠江分区东莞县大队大队长、华南军区独立第十五团副参谋长、华南军区独立第十六团参谋长等职。1952 年 9 月转业到地方，曾在中山、江门、肇庆、佛山、恩平等地工作，历任珠江行署公安局新生训练班班长、恩平民政局局长等职。1993 年 3 月逝世。

043

解放战争时期　黄介木印章

高 4 厘米、宽 2.2 厘米

2001 年 11 月 15 日黄介遗孀卢当捐赠。

044

中华人民共和国　蒋光鼐使用过的中南海出入证

直径 2.7 厘米、厚 0.1 厘米

1988 年 12 月蒋建国先生捐赠。

045

1957 年　中央政府发给李云祥烈士光荣纪念证

纵 16 厘米、横 19 厘米

2007 年 8 月李锦成捐赠。

046

抗战时期　王作尧用过的手表

直径 3.2 厘米、长 11.7 厘米、厚 1 厘米

瑞士（ELECTION），1914 年纪念表。

1985 年 12 月 15 日王作尧捐赠，夫人何英经办。

王作尧（1913—1990），广东东莞厚街人。1938 年 10 月，王作尧奉命回莞组建设中国共产党直接领导的人民抗日武装——东莞模范壮丁队，并亲任任队长。1940 年 9 月，任广东人民抗日游击队第五大队大队长，创建了阳台山抗日根据地；并与曾生的第三大队配合作战，创建大岭山抗日根据地。1942 年 2 月任广东人民抗日游击总队副总队长兼参谋长。1943 年 11 月，和总队领导率部粉碎日军对大岭山根据地的万人"扫荡"。同年 12 月，广东人民抗日游击队东江纵队成立，王作尧同志任副司令员兼任参谋长。

改革开放以来
接受重要社会捐赠简表

序号	名称	数量	单位	质地	时代	来源	备注
001	青釉盘口陶罐	1	件	陶	晋	东莞本地出土，2005 年 10 月 26 日谭才均捐赠	
002	米字纹陶罐	1	件	陶	战国	东莞本地出土，2005 年 10 月 26 日谭才均捐赠	
003	镂空陶盘	1	件	陶	新石器时代	东莞本地出土，2005 年 10 月 26 日谭才均捐赠	
004	陶豆	1	件	陶	战国	东莞本地出土，2005 年 10 月 26 日谭才均捐赠	
005	陶豆	1	件	陶	战国	东莞本地出土，2005 年 10 月 26 日谭才均捐赠	
006	陶碗	1	件	陶	战国	东莞本地出土，2005 年 10 月 26 日谭才均捐赠	
007	陶豆	1	件	陶	战国	东莞本地出土，2005 年 10 月 26 日谭才均捐赠	
008	陶碟	1	件	陶	战国	东莞本地出土，2005 年 10 月 26 日谭才均捐赠	
009	陶豆	1	件	陶	战国	东莞本地出土，2005 年 10 月 26 日谭才均捐赠	
010	双兽耳陶樽	1	件	陶	战国	东莞本地出土，2005 年 10 月 26 日谭才均捐赠	
011	云雷纹陶罐	1	件	陶	战国	东莞本地出土，2005 年 10 月 26 日谭才均捐赠	
012	陶壶	1	件	陶	西汉	东莞本地出土，2005 年 10 月 26 日谭才均捐赠	
013	三足陶鼎	1	件	陶	西汉	东莞本地出土，2005 年 10 月 26 日谭才均捐赠	
014	陶罐	1	件	陶	西汉	东莞本地出土，2005 年 10 月 26 日谭才均捐赠	
015	方格纹戳印陶罐	1	件	陶	东汉	东莞本地出土，2005 年 10 月 26 日谭才均捐赠	
016	青釉陶碗	1	件	陶	晋	东莞本地出土，2005 年 10 月 26 日谭才均捐赠	
017	陶碗	1	件	陶	战国	东莞本地出土，2005 年 10 月 26 日谭才均捐赠	
018	四耳陶盖罐	1	件	陶	唐	1987 年谭志恒捐赠	
019	青釉罐	1	件	陶	明	1987 年谭志恒捐赠	
020	网纹陶罐	1	件	陶	宋	莞城出土谭志恒送	
021	四耳陶罐	1	件	陶	唐	1987 年 6 月谭志恒捐赠	
022	三足陶盆	1	件	陶	东汉	1995 年陈效坚捐赠	
023	酱釉弦纹陶瓶	1	件	陶	东汉	1995 年陈效坚捐赠	
024	陶炉	1	套	陶	东汉	1995 年陈效坚捐赠	
025	弦纹三足陶瓮	1	件	陶	东汉	1995 年陈效坚捐赠	
026	青花菊纹盖罐	1	件	瓷	明	1985 年 6 月 18 日谭志恒捐赠	
027	青花菊纹盖罐	1	件	瓷	明	1985 年 6 月 18 日谭志恒捐赠	
028	青釉碗	1	件	瓷	明	1995 年谭志恒捐赠	
029	绿釉陶罐	1	件	陶	清	2003 年 2 月莫稚捐赠	
030	"崇宁通宝"铜钱	1	枚	铜	宋	1959 年 7 月 25 日黄炜熙捐赠	
031	"崇宁通宝"铜钱	1	枚	铜	宋	1959 年 7 月 25 日黄炜熙捐赠	
032	"崇宁通宝"铜钱	3	枚	铜	宋	1959 年 7 月 25 日黄炜熙捐赠	
033	"崇宁通宝"铜钱	1	枚	铜	宋	1959 年 7 月 25 日黄炜熙捐赠	
034	"崇宁通宝"铜钱	1	枚	铜	宋	1959 年 7 月 25 日黄炜熙捐赠	
035	石刻方形朱文"北斗星君之宝"印	1	方	石	明	1970 年 12 月罗彭捐赠	
036	《疆邨丛书》刻本	40	册	纸	1922 年	1999 年 4 月 14 日古卓勳捐赠	
037	光绪十三年上海同文书局吴大澂《毛公鼎》石印本	1	册	纸	1887 年	无名氏捐赠	
038	张家玉著《文烈公集》刻本	2	册	纸	中华民国	无名氏捐赠	
039	张家玉《文烈公集》刻本	1	册	纸	中华民国	无名氏捐赠	
040	东莞养和印务局陈伯陶《明季东莞五忠传》刻本	1	册	纸	1925 年	无名氏捐赠	
041	铜蟹	1	对	铜	清	1975 年袁九记捐赠	
042	素身双耳三足铜炉	1	件	铜	清中期	1975 年欧静山捐赠	
043	夔龙纹铜爵	1	件	铜	清	1975 年欧静山捐赠	
044	铜箭镞	1	件	铜	战国	2009 年 12 月 1 日向吉电捐赠	

045	铜箭镞	1	件	铜	战国	2009 年 12 月 1 日向吉电捐赠	
046	蔡如平行书条幅	1	幅	纸	大革命时期	1964 年 12 月 31 日陈均平捐赠	
047	东江纵队编印《军队内务规则摘要》	6	页	纸	1937 年	1979 年东莞厚街公社捐赠	
048	粤赣湘边纵队快马站的通知	1	份	纸	1949 年	1959 年江福粦捐赠	
049	粤赣湘边纵队快马站的通知	1	份	纸	1949 年	1959 年江福粦捐赠	
050	粤赣湘边纵队快马站的通知	1	份	纸	1949 年	1959 年江福粦捐赠	
051	粤赣湘边纵队情报	1	份	纸	1949 年	1959 年江福粦捐赠	
052	《路东农民抗敌救国会组织章程总则》	1	件	纸	1945 年	黄克政委北撤时留下，1959 年 2 月 28 日江福粦捐赠	
053	《清溪乡农民抗敌会传票》	1	件	纸	1945 年	黄克政委北撤时留下，1959 年 2 月 28 日江福粦捐赠	
054	《清溪乡农民抗敌会传票》	1	件	纸	1945 年	黄克政委北撤时留下，1959 年 2 月 28 日江福粦捐赠	
055	《清溪乡政府传票》	1	件	纸	1945 年	黄克政委北撤时留下，1959 年 2 月 28 日江福粦捐赠	
056	《农抗会投案登记部》	1	件	纸	1945 年	黄克政委北撤时留下，1959 年 2 月 28 日江福粦捐赠	
057	清溪乡农民抗敌救国会代表苏桂才的履历表	1	件	纸	1945 年	黄克政委北撤时留下，1959 年 2 月 28 日江福粦捐赠	
058	清溪乡农民抗敌救国代表黄杨钊履历表	1	件	纸	1945 年	黄克政委北撤时留下，1959 年 2 月 28 日江福粦捐赠	
059	清溪乡农民抗敌救国代表黄哲强履历表	1	件	纸	1945 年	黄克政委北撤时留下，1959 年 2 月 28 日江福粦捐赠	
060	东江纵队第二支队政治处编印《纪念"七·一""七·七"画刊》	1	件	纸	1945 年	黄克政委北撤时留下，1959 年 2 月 28 日江福粦捐赠	
061	路东解放区行政委员《致全国同胞电》	1	件	纸	1945 年	黄克政委北撤时留下，1959 年 2 月 28 日江福粦捐赠	
062	东江解放区路东行政委员《关于开展文教运动的指示》	1	件	纸	1945 年	黄克政委北撤时留下，1959 年 2 月 28 日江福粦捐赠	
063	清溪乡教抗会的《清溪乡文化界合作书店招股简章》	1	件	纸	1945 年	黄克政委北撤时留下，1959 年 2 月 28 日江福粦捐赠	
064	地名及店号名称清单	4	件	纸	抗战时期	黄克政委北撤时留下，1959 年 2 月 28 日江福粦捐赠	
065	路东新三区政府向群众借钱借谷的借据和账单	9	件	纸	1945 年	黄克政委北撤时留下，1959 年 2 月 28 日江福粦捐赠	
066	修筑潘龙陂水利委员会收据	1	件	纸	1945 年	黄克政委北撤时留下，1959 年 2 月 28 日江福粦捐赠	
067	清溪乡后备队经费收据	1	件	纸	1945 年	黄克政委北撤时留下，1959 年 2 月 28 日江福粦捐赠	
068	《路东抗日公粮田赋征收处征收公粮田赋计算表》	1	件	纸	抗战时期	黄克政委北撤时留下，1959 年 2 月 28 日江福粦捐赠	
069	东惠前线人民抗日自卫大队《征收抗日公粮收条》	1	件	纸	1945 年	黄克政委北撤时留下，1959 年 2 月 28 日江福粦捐赠	
070	《广东人民抗日游击队东江纵队第二支队部布告》	1	件	纸	1945 年	黄克政委北撤时留下，1959 年 2 月 28 日江福粦捐赠	
071	《清溪乡粮食调查表》	1	件	纸	1945 年	黄克政委北撤时留下，1959 年 2 月 28 日江福粦捐赠	
072	路东新三区政府关于《今秋征粮减租工作指示》	2	件	纸	1945 年	黄克政委北撤时留下，1959 年 2 月 28 日江福粦捐赠	
073	路东新三区政府《减租缴纳田赋公粮后地主实得回数量表》	1	件	纸	1945 年	黄克政委北撤时留下，1959 年 2 月 28 日江福粦捐赠	

074	东江纵队第二支队关于收集退租退息的经验教训的通知	1	件	纸	1945 年	黄克政委北撤时留下，1959 年 2 月 28 日江福莽捐赠	
075	《东江解放区路东税务处征收税率条例》	4	件	纸	1945 年	黄克政委北撤时留下，1959 年 2 月 28 日江福莽捐赠	
076	《东江解放区路东税务处征收税率条例》	1	件	纸	1945 年	黄克政委北撤时留下，1959 年 2 月 28 日江福莽捐赠	
077	伙食登记表	1	份	纸	1949 年	1959 年 2 月 23 日樟木头赖官送捐赠	
078	详细登记表	1	份	纸	1949 年	1959 年 2 月 23 日樟木头赖官送捐赠	
079	快马站领款存根	1	份	纸	抗战时期	1959 年 2 月 23 日樟木头赖官送捐赠	
080	快马站领款存根	1	份	纸	抗战时期	1959 年 2 月 23 日樟木头赖官送捐赠	
081	路东新三区清溪乡政府用笺	3	份	纸	解放战争时期	1959 年 2 月 28 日江福莽捐赠	
082	路东新三区清溪乡政府用信封	1	件	纸	解放战争时期	1959 年 2 月 28 日江福莽捐赠	
083	清溪乡政府发给烟民吸烟证及戒烟条例	4	件	纸	1945 年	1959 年 2 月 28 日江福莽捐赠	
084	陈标在横岭参加游击战时使用过的驳壳枪盒	1	件	木	1937 年	1959 年东城横岭陈桥捐赠	
085	王贱使用过的长枪铁架	1	件	铁	1937 年	1959 年 2 月 23 日王贱捐赠	
086	东纵抗击日军用子弹	30	粒	铁	抗战时期	1959 年 3 月 23 日李志文捐赠	
087	游击战士留下的子弹	26	粒	铁	抗战时期	1959 年 3 月 23 日李志文捐赠	
088	游击战士留下的子弹	3	件	铁	抗战时期	1959 年 3 月 2 日李有捐赠	
089	东纵战士使用过的步枪	1	件	铁	抗战时期	1959 年 3 月 2 日东城火炼树罗耀基捐赠	
090	曾生用过的"七九"枪管	1	件	铁	1942 年	1959 年 1 月 21 日大王岭民兵刘锦仁捐赠	
091	游击队员留下的手枪子弹	1	件	铜	1941 年	1959 年 2 月 23 在陈池家征集	
092	地下工作者李有使用过的手枪皮套	1	件	皮	1942 年	1959 年 3 月 2 李有捐赠	
093	地下工作者李有使用过的手枪皮套	1	件	皮	1942 年	1959 年 3 月 2 李有捐赠	
094	东纵马坑情报站留下的子弹	1	颗	铜	1943 年 -1944 年	1959 年 2 月 24 日丁进捐赠	
095	农民组织"抗征队"使用过的刺刀	1	把	铁	1947 年	1959 年 1 月 16 日大岭山百花洞黄亮权捐赠	
096	古道烈士学习政治学笔记本	1	本	纸	抗战时期	1966 年 5 月 26 日脉历州坭围卢玉怀捐赠	
097	古道烈士政治学名词浅释笔记本	1	本	纸	抗战时期	1966 年 5 月 26 日脉历州坭围卢玉怀捐赠	
098	古道烈士关于《整顿三风问答》学习笔记本	1	本	纸	抗战时期	1966 年 5 月 26 日脉历州坭围卢玉怀捐赠	
099	古道烈士学习《政党论》笔记本	1	本	纸	抗战时期	1966 年 5 月 26 日脉历州坭围卢玉怀捐赠	
100	古道烈士《关于政策问题的解释》学习笔记本	1	本	纸	抗战时期	1966 年 5 月 26 日脉历州坭围卢玉怀捐赠	
101	古道烈士《改造我们的学习》学习笔记本	1	本	纸	抗战时期	1966 年 5 月 26 日脉历州坭围卢玉怀捐赠	
102	古道烈士关于"整风"问题的笔记本	1	本	纸	抗战时期	1966 年 5 月 26 日脉历州坭围卢玉不捐赠	
103	古道烈士关于整风顿三风一学风党风文风的笔记	4	页	纸	抗战时期	1966 年 5 月 26 日脉历州坭围卢玉怀捐赠	
104	古道烈士《关于党目前政策的指示》笔记	1	页	纸	抗战时期	1966 年 5 月 26 日脉历州坭围卢玉怀捐赠	
105	古道烈士关于《目前党政策的指示》笔记	1	页	纸	抗战时期	1966 年 5 月 26 日脉历州坭围卢玉怀捐赠	
106	古道烈士学习《关于增强党性的决定》的笔记	1	页	纸	抗战时期	1966 年 5 月 26 日脉历州坭围卢玉怀捐赠	
107	古道烈士学习《本体论》的笔记	1	页	纸	抗战时期	1966 年 5 月 26 日脉历州坭围卢玉怀捐赠	

108	古道烈士笔记本	4	页	纸	抗战时期	1966 年 5 月 26 日脉历州坭围卢玉怀捐赠	
109	古道烈士用过的《二月革命至十月革命》书	1	册	纸	1938 年	1966 年 5 月 26 日脉历州坭围卢玉怀捐赠	
110	古道烈士用过的《联共党史》书	1	册	纸	抗战时期	1966 年 5 月 26 日脉历州坭围卢玉怀捐赠	
111	古道烈士用过的《反战反法西斯主义》书	1	册	纸	1938 年	1966 年 5 月 26 日脉历州坭围卢玉怀捐赠	
112	古道烈士用过的《给初学写作者的一封信》书	1	册	纸	1936 年	1966 年 5 月 26 日脉历州坭围卢玉怀捐赠	
113	古道烈士社会情况初步调查	1	页	纸	抗战时期	1966 年 5 月 26 日脉历州坭围卢玉怀捐赠	
114	东纵战士创作的抗日诗歌单张	1	页	纸	抗战时期	黄克政委北撤时留下，江福舜 1959 年 2 月 28 日捐赠	
115	东纵战士笔记本	1	本	纸	抗战时期	黄克政委北撤时留下，江福舜 1959 年 2 月 28 日捐赠	
116	东纵战士笔记本	1	本	纸	抗战时期	黄克政委北撤时留下，江福舜 1959 年 2 月 28 日捐赠	
117	东纵战士笔记本	2	本	纸	抗战时期	黄克政委北撤时留下，江福舜 1959 年 2 月 28 日捐赠	
118	路东新三区塘头厦乡政府给清溪乡政府的公函	1	页	纸	1945 年	黄克政委北撤时留下，江福舜 1959 年 2 月 28 日捐赠	
119	小近布村梁凤岗给乡抗日民主政权的呈文	1	页	纸	1945 年	黄克政委北撤时留下，江福舜 1959 年 2 月 28 日捐赠	
120	路东新三区政府训令单张	1	页	纸	1945 年	黄克政委北撤时留下，江福舜 1959 年 2 月 28 日捐赠	
121	张松鹤写给李健、蓝又星的信	2	页	纸	1945 年	黄克政委北撤时留下，江福舜 1959 年 2 月 28 日捐赠	
122	张松鹤写给江安的信	1	页	纸	1945 年	黄克政委北撤时留下，江福舜 1959 年 2 月 28 日捐赠	
123	张松鹤写给江安、黄宁的信	2	页	纸	1945 年	黄克政委北撤时留下，江福舜 1959 年 2 月 28 日捐赠	
124	张松鹤写给江安的信	1	页	纸	1945 年	黄克政委北撤时留下，江福舜 1959 年 2 月 28 日捐赠	
125	东纵战士歌本	3	本	纸	抗战时期	黄克政委北撤时留下，江福舜 1959 年 2 月 28 日捐赠	
126	东纵队员退租退息减租减息笔记本	2	本	纸	抗战时期	黄克政委北撤时留下，江福舜 1959 年 2 月 28 日捐赠	
127	萃英堂公产管理委员会简章	1	页	纸	抗战时期	黄克政委北撤时留下，江福舜 1959 年 2 月 28 日捐赠	
128	关于"发行公债""退租退息"的决定单张	1	页	纸	抗战时期	黄克政委北撤时留下，江福舜 1959 年 2 月 28 日捐赠	
129	富江给清溪乡政府的信	1	页	纸	1945 年	黄克政委北撤时留下，江福舜 1959 年 2 月 28 日捐赠	
130	江流给江安的信	1	页	纸	1945 年	黄克政委北撤时留下，江福舜 1959 年 2 月 28 日捐赠	
131	敢死军刘仲革命军功牌	1	块	铜	1911 年	虎门北面村刘仲捐赠	
132	东莞县连平乡土改工作队章	1	块	布	土改时期	李干鸿捐赠	
133	斧头镰刀五角星证章	1	枚	铁	1948 年	1964 年 11 月 20 日原一支三团团长麦定唐捐赠	
134	东江纵队第二支队生产建设公债	2	张	纸	抗战时期	樟木头赖官送认购，1959 年 2 月 23 日捐赠	
135	第七·八期前进报	1	份	纸	1945 年	李志文捐赠	
136	第七十六期前进报	1	份	纸	1945 年	中堂黄涌黎敏保存，1959 年 2 月 22 日捐赠	
137	第七十八期前进报	1	份	纸	1945 年	中堂黄涌黎敏保存，1959 年 2 月 22 日捐赠	

138	第七十九期前进报	1	份	纸	1945 年	中堂黄涌黎敏保存，1959 年 2 月 22 日捐赠	
139	第八十四期前进报	1	份	纸	1945 年	中堂黄涌黎敏保存，1959 年 2 月 22 日捐赠	
140	第八十五期前进报	1	份	纸	1945 年	中堂黄涌黎敏保存，1959 年 2 月 22 日捐赠	
141	第八十六期前进报	1	份	纸	1945 年	中堂黄涌黎敏保存，1959 年 2 月 22 日捐赠	
142	第八十六期前进报	1	份	纸	1945 年	中堂黄涌黎敏保存，1959 年 2 月 22 日捐赠	
143	第八十九·九十期合刊前进报	1	份	纸	1945 年	中堂黄涌黎敏保存，1959 年 2 月 22 日捐赠	
144	第九十三期前进报	1	份	纸	1945 年	中堂黄涌黎敏保存，1959 年 2 月 22 日捐赠	
145	前进报社《全民公决成立民主建国军》传单	1	份	纸	1945 年	李志文捐赠	
146	前进报社《全民公决成立民主建国军》传单	1	份	纸	1945 年	李志文捐赠	
147	前进报社《全民公决成立民主建国军》传单	1	份	纸	1945 年	李志文捐赠	
148	红星出版社第一辑《城市教育》册	1	册	纸	1949 年	1963 年 8 月 8 日江凡捐赠	
149	东纵政治部印发延安解放日报社论《停止八十万大军进攻解放区》传单	1	张	纸	1945 年	李志文捐赠	
150	东纵政治部印发延安解放日报社论《停止八十万大军进攻解放区》传单	1	张	纸	1945 年	李志文捐赠	
151	《中共七大代表会延安各界追悼中国革命死难烈士祭文》单张	1	张	纸	1945 年	江福莽捐赠	
152	新华社记者评论《国民党内外政策的动向》单张	1	张	纸	1945 年	无名氏捐赠	
153	路东新三区二支二大队翻印新华社记者评论《国民党内外政策的动向》单张	1	张	纸	1945 年	无名氏捐赠	
154	路东新三区二支二大队翻印新华社记者评论《国民党内外政策的动向》单张	1	张	纸	1945 年	无名氏捐赠	
155	东纵政治部翻映合众社评论《远东法西斯的新阴谋》单张	1	张	纸	1945 年	无名氏捐赠	
156	靶斗出版社《部队生活行政管理》书	1	册	纸	解放战争时期	无名氏捐赠	
157	粤赣湘边纵队东江第一支队印《上沙匪帮出劫书村，被我强大民兵击退》传单	1	张	纸	1949 年	1966 年 11 月 1 日常平周吼涛捐赠	
158	东江第一支队三团政治处印发《战绩总结简报》传单	1	张	纸	1949 年	1966 年 11 月 1 日常平周吼涛捐赠	
159	东江第一支队印发《捷报 — 在我强大军事政治攻势下，我军和平开入海丰县城》传单	1	张	纸	1949 年	1966 年 11 月 1 日常平周吼涛捐赠	
160	《战斗报号外》	1	张	纸	1949 年	1966 年 11 月 1 日常平周吼涛捐赠	
161	东江第一支队政治部印《欺骗人民的大阴谋》传单	1	张	纸	1949 年	1966 年 11 月 1 日常平周吼涛捐赠	
162	东江第一支队三团政治处印《潢涌中堂相继解放》传单	1	张	纸	1949 年	1966 年 11 月 1 日常平周吼涛捐赠	
163	东江第一支队三团政治处战斗报号外《中国人民政协在北平隆重开幕》	1	张	纸	1949 年	1966 年 11 月 1 日常平周吼涛捐赠	
164	东江第一支队政治部印新华社评论《中国人民对全世界庄严宣告》单张	1	张	纸	1949 年	1966 年 11 月 1 日常平周吼涛捐赠	
165	《中共中央关于增强党性的决定》册	1	册	纸	1941 年	李志文捐赠	

166	东纵翻印《中共中央关于增强党性的决定》册	1	册	纸	1945 年	虎门镇口万志平捐赠	
167	前哨出版社《前哨文粹》第二辑《两封信》册	1	册	纸	1945 年	1966 年 11 月 1 日常平周吼涛捐赠	
168	毛泽东著《论联合政府》书	1	本	纸	1945 年	1959 年 2 月 21 日虎门镇口万志平捐赠	
169	中共七大代表大会宣传画	1	本	纸	1945 年	1966 年 11 月 1 日常平周吼涛捐赠	
170	东纵第二支队政治处印毛主席语录传单	3	张	纸	1945 年	1959 年 2 月 28 日塘厦江福粦捐赠	
171	东纵第二支队政治处印毛主席语录传单	2	张	纸	1945 年	1959 年 2 月 28 日塘厦江福粦捐赠	
172	东纵第二支队政治处印毛主席语录传单	2	张	纸	1945 年	1959 年 2 月 28 日塘厦江福粦捐赠	
173	《军队中的党》册	1	册	纸	抗战时期	1959 年 2 月 22 日中堂黎敏捐赠	
174	前哨出版社六月歌选《反抢粮》封面	1	页	纸	1945 年	1966 年 11 月 1 日常平周吼涛捐赠	
175	岳中红星社出版《红星报导》封面	1	页	纸	1945 年	1966 年 11 月 1 日常平周吼涛捐赠	
176	东江戏剧创作丛书《谷的风波》封面	1	页	纸	抗战时期	1966 年 11 月 1 日常平周吼涛捐赠	
177	岳中社出版《党员须知》封面	1	页	纸	1945 年	1966 年 11 月 1 日常平周吼涛捐赠	
178	播种出版社翻印《党员须知》封面	1	页	纸	1945 年	1966 年 11 月 1 日常平周吼涛捐赠	
179	东纵政治部星火队印《星火歌选》册	1	册	纸	1945 年	1959 年 2 月 28 日江福粦捐赠	
180	东纵战士黄鸿就等人缝制衣服尺寸单	1	张	纸	抗战时期	1959 年 2 月 28 日江福粦捐赠	
181	东纵战士的药方	4	张	纸	抗战时期	1959 年 2 月 28 日江福粦捐赠	
182	广东人民抗日游击队东江纵队东莞大队长张英名片	1	张	纸	抗战时期	1966 年 11 月 1 日茶山钟统捐赠	
183	东纵前哨出版社《油印经验介绍》册	1	册	纸	抗战时期	1966 年 11 月日常平周吼涛捐赠	
184	《东莞县军事管制委员会布告》传单	1	件	纸	1945 年	2005 年张况捐赠	
185	《东莞县各界联合庆祝新中国诞生暨全县解放大会宣言》单张	1	幅	纸	1949 年	2003 年 5 月 3 日张泰麟捐赠	
186	新华书局发行《陕北公学》书	1	册	纸	1937 年	1965 年 11 月 1 日常平周吼涛捐赠	
187	战时读物编译社发行《朱德传》	1	册	纸	1938 年	1965 年 11 月 2 日常平周吼涛捐赠	
188	斯诺著《毛泽东印象记》	1	册	纸	1937 年	1965 年 11 月 3 日常平周吼涛捐赠	
189	新日报社发行《抗日游击战争的战略问题》册	1	册	纸	1938 年	1965 年 11 月 12 日常平周吼涛捐赠	
190	王作尧用过的手表	1	件	钢	抗战时期	1985 年 12 月 15 日王作尧捐赠，夫人何英经办	
191	抗美援朝李云祥烈士遗像	1	幅	纸	1952 年	2007 年 8 月李锦成捐赠	
192	抗美援朝李云祥烈士的照片	1	幅	纸	1952 年	2007 年 8 月李锦成捐赠	
193	抗美援朝李云祥烈士的照片	1	幅	纸	1952 年	2007 年 8 月李锦成捐赠	
194	抗美援朝李云祥烈士的照片	1	幅	纸	1952 年	2007 年 8 月李锦成捐赠	
195	抗美援朝时期李云祥烈士墓前战友留影照片	1	幅	纸	1952 年	2007 年 8 月李锦成捐赠	
196	抗美援朝李云祥烈士照片	1	幅	纸	1952 年	2007 年 8 月李锦成捐赠	
197	抗美援朝李元祥生前与战友合影照片	1	幅	纸	1952 年	2007 年 8 月李锦成捐赠	
198	抗美援朝李云祥烈士墓前战友与朝鲜小朋友合影照片	1	幅	纸	1952 年	2007 年 8 月李锦成捐赠	
199	抗美援朝李元祥烈士墓照片	1	幅	纸	中华人民共和国	2007 年 8 月李锦成捐赠	
200	抗美援朝李云祥烈士的日记本	1	本	纸	中华人民共和国	2007 年 8 月李锦成捐赠	
201	华东野战军军纵队司令部政治部颁发给李云祥的三等功奖状	1	张	纸	解放战争	2007 年 8 月李锦成捐赠	

202	中国人民解放军华东军区摩托装甲政治部颁发给李云祥的四等功劳证	1	本	纸	1951 年	2007 年 8 月李锦成捐赠	
203	中华人民共和国中央人民政府发给李云祥烈士家属的《革命牺牲军人家属光荣纪念证》	1	张	纸	1957 年	2007 年 8 月李锦成捐赠	
204	李云祥写给家人的信	3	张	纸	1952 年	2007 年 8 月李锦成捐赠	
205	李云祥写给弟弟的信	2	页	纸	1952 年	2007 年 8 月李锦成捐赠	
206	中国人民志愿军坦克四团政治处写给李灿霖的信	2	件	纸	1953 年	2007 年 8 月李锦成捐赠	
207	中国人民志愿军坦克四团政治处写给李灿霖的信	2	页	纸	1953 年	2007 年 8 月李锦成捐赠	
208	李云祥战友写给李云祥弟弟李灿霖的信	2	件	纸	1943 年	2007 年 8 月李锦成捐赠	
209	中国人民解放军华东军区军事政治大学第二总队政治部发给李南父亲《中国人民解放军华东军区革命军人家属证明书》	1	件	纸	1949 年	2007 年 8 月李锦成捐赠	
210	广东省珠江区行政督察专员公署关防发给李琼父亲《广东省珠江区行政督察专员公署革命工作人员家属临时证明书》	1	件	纸	1950 年	2007 年 8 月李锦成捐赠	
211	中国人民解放军两广纵队第一师政治部发给李芬父亲的《革命军人家属证》	1	件	纸	1949 年	2007 年 8 月李锦成捐赠	
212	抗美援朝时期李云祥烈士用过的毛毯	1	件	布	中华人民共和国	2007 年 8 月李锦成捐赠	
213	蒋光鼐使用过的礼帽	1	件	布	中华人民共和国	1988 年 12 月蒋光鼐家属捐赠	
214	蒋光鼐使用过的礼帽	1	件	布	中华人民共和国	1988 年 12 月蒋光鼐家属捐赠	
215	蒋光鼐穿过的中山装	1	件	布	中华人民共和国	1988 年 12 月蒋光鼐家属捐赠	
216	蒋光鼐穿过的西服	1	件	布	中华人民共和国	1988 年 12 月蒋光鼐家属捐赠	
217	蒋光鼐穿过的西服	1	件	布	中华人民共和国	1988 年 12 月蒋光鼐家属捐赠	
218	蒋光鼐穿过的西服	1	件	布	中华人民共和国	1988 年 12 月蒋光鼐家属捐赠	
219	蒋光鼐穿过的晨褛	1	件	布	中华人民共和国	1988 年 12 月蒋光鼐家属捐赠	
220	蒋光鼐使用过的墨镜残件	1	件	玻璃	中华人民共和国	1988 年 12 月蒋光鼐家属捐赠	
221	蒋光鼐使用的老花镜残件	1	件	玻璃	中华人民共和国	1988 年 12 月蒋光鼐家属捐赠	
222	蒋光鼐使用的老花镜（附带盒）	1	件	玻璃	中华人民共和国	1988 年 12 月蒋光鼐家属捐赠	
223	蒋光鼐使用的"中南海出入证"	1	件	铁	中华人民共和国	1988 年 12 月蒋光鼐家属捐赠	
224	蒋光鼐使用的"中国纺织工会会员证章"	1	件	铁	中华人民共和国	1988 年 12 月蒋光鼐家属捐赠	
225	蒋光鼐使用的"新政治协商会议筹备代表"胸章	1	件	布	1945 年	1988 年 12 月蒋光鼐家属捐赠	

226	蒋光鼐使用的黑色大理石笔插	1	件	石	中华人民共和国	1988 年 12 月蒋光鼐家属捐赠	
227	蒋光鼐使用的《毛主席语录》	1	件	纸	中华人民共和国	1988 年 12 月蒋光鼐家属捐赠	
228	蒋光鼐的《中华人民共和第一届全国人民代表大会代表当选证书》	1	件	纸	中华人民共和国	1988 年 12 月蒋光鼐家属捐赠	
229	蒋光鼐的《中华人民共和国第二届全国人民代表大会代表当选证书》	1	件	纸	1959 年	1988 年 12 月蒋光鼐家属捐赠	
230	蒋光鼐的《中华人民共和国第三届全国人民代表大会代表当选证书》	1	件	纸	1964 年	1988 年 12 月蒋光鼐家属捐赠	
231	蒋光鼐使用的木拐杖	1	件	木	中华人民共和国	1988 年 12 月蒋光鼐家属捐赠	
232	蒋光鼐使用的牡丹牌收音机	1	件		中华人民共和国	1988 年 12 月蒋光鼐家属捐赠	
233	蒋光鼐的《中华人民共和国纺织工业部工作证》	1	件	纸	1966 年	1988 年 12 月蒋光鼐家属捐赠	
234	蒋光鼐使用过的牛皮箱	1	件	皮	中华人民共和国	1988 年 12 月蒋光鼐家属捐赠	
235	蒋光鼐的选民证	1	件	纸	1958 年	1988 年 12 月蒋光鼐家属捐赠	
236	蒋光鼐的选民证	1	件	纸	1966 年	1988 年 12 月蒋光鼐家属捐赠	
237	华北解放纪念章	1	件	铜	1950 年	黄介遗物 2001 年 11 月 15 日黄介遗孀卢当捐赠	
238	中国人民解放军华东军区颁发"淮海战役纪念"章	1	件	铁	解放战争时期	黄介遗物 2001 年 11 月 15 日黄介遗孀卢当捐赠	
239	中南军政委员会颁发"解放华中南纪念章"	1	件	铁	解放战争时期	黄介遗物 2001 年 11 月 15 日黄介遗孀卢当捐赠	
240	黄介工作任职简历	1	件	纸	中华人民共和国	黄介遗物 2001 年 11 月 15 日黄介遗孀卢当捐赠	
241	黄介《战斗简史》	1	件	纸	1950 年	黄介遗物 2001 年 11 月 15 日黄介遗孀卢当捐赠	
242	黄介《工作简历年月份表》	1	件	纸	1964 年	黄介遗物 2001 年 11 月 15 日黄介遗孀卢当捐赠	
243	中国人民解放军珠江军分区给黄介的委任令	1	件	纸	1951 年	黄介遗物 2001 年 11 月 15 日黄介遗孀卢当捐赠	
244	黄介用过的手表	1	件	不锈钢	中华人民共和国	黄介遗物 2001 年 11 月 15 日黄介遗孀卢当捐赠	
245	黄介佩戴过的"中国人民解放军"布胸章	1	件	布	1952 年	黄介遗物 2001 年 11 月 15 日黄介遗孀卢当捐赠	
246	时期黄介木印章	1	件	木	中华人民共和国	黄介遗物 2001 年 11 月 15 日黄介遗孀卢当捐赠	
247	黄介印章（附盒）	1	件	塑料	中华人民共和国	黄介遗物 2001 年 11 月 15 日黄介遗孀卢当捐赠	
248	黄介回忆录《石龙队三到东莞七次战斗》手稿	13	件	纸	1986 年	黄介遗物 2001 年 11 月 15 日黄介遗孀卢当捐赠	
249	黄介回忆录《忆阮海天同志在东宝惠的战斗历程》手稿	19	件	纸	1986 年	黄介遗物 2001 年 11 月 15 日黄介遗孀卢当捐赠	
250	黄介穿过的军装	1	件	呢	中华人民共和国	黄介遗物 2001 年 11 月 15 日黄介遗孀卢当捐赠	
251	黄介穿过的军裤	1	件	呢	中华人民共和国	黄介遗物 2001 年 11 月 15 日黄介遗孀卢当捐赠	
252	黄介用过的马背袋	1	件	布	中华人民共和国	黄介遗物 2001 年 11 月 15 日黄介遗孀卢当捐赠	
253	袁方佩戴过的"中国人民解放军"布胸章	1	件	布	1953 年	1988 年 10 月 22 日袁方捐赠	

254	袁方的"全国人民慰问人民解放军代表团赠"章	1	件	铁	1954 年	1988 年 10 月 22 日袁方捐赠	
255	人民解放军两广纵队第一师给袁方的立功喜报	1	件	纸	中华人民共和国	1988 年 10 月 22 日袁方捐赠	
256	中国人民解放军两广纵队第一师给袁方《军属光荣》证	1	件	纸	1950 年	1988 年 10 月 22 日袁方捐赠	
257	中国人民解放军两广纵队政治部发给袁方家属的《军人家属证》	1	件	纸	1949 年	1988 年 10 月 22 日袁方捐赠	
258	袁方的《党员登记表》	1	件	纸	1951 年	1988 年 10 月 22 日袁方捐赠	
259	中国人民解放军华南珠江军分区给袁方的任职命令	1	件	纸	1952 年	1988 年 10 月 22 日袁方捐赠	
260	阳江县人民委员会给袁方的任命书	1	件	纸	1958 年	1988 年 10 月 22 日袁方捐赠	
261	袁方用过的铜汤匙	1	件	铜	中华人民共和国	1988 年 10 月 22 日袁方捐赠	
262	袁方用过的铜汤匙	1	件	铜	中华人民共和国	1988 年 10 月 22 日袁方捐赠	
263	袁方用过的军毛毯	1	件	呢	中华人民共和国	1988 年 10 月 22 日袁方捐赠	
264	民兵用过的皮子弹带	1	件	皮	解放战争时期	林福有保存、捐赠	
265	黄克用过的勃朗宁曲尺手枪	1	件	把	抗战时期	塘厦公社青圹村江福燊捐赠	
266	东纵战士用过的千里马鞋底	2	件	对	抗战时期	刘运捐赠	
267	木刻道滘兴隆街荣华模板	1	件	木	中华民国	2009 年叶更生捐赠	
268	金木雕龙纹狮足康王轿	1	件	木	清光绪	2013 年 11 月 15 日石排横山村委捐赠	
269	靛青暗花大襟衫	1	件	纱	中华民国	2012 年 7 月 5 日谭志恒捐赠	
270	香云纱料	1	件	纱	中华民国	2012 年 7 月 5 日谭志恒捐赠	
271	刀币	10	件	铜	战国	1922 年天津市博物馆捐赠	
272	青花缠枝菊花纹香炉	1	件	瓷	清	1997 年 1 月赵自强捐赠	
273	青花花卉纹碗	1	件	瓷	明	1997 年 1 月赵自强捐赠	
274	青花花卉纹碗	1	件	瓷	清嘉庆	1997 年 1 月赵自强捐赠	
275	青花花草纹碗	1	件	瓷	明	1997 年 1 月赵自强捐赠	
276	青花花卉纹碟	1	件	瓷	清康熙	1997 年 1 月赵自强捐赠	
277	正德青花人物图碗	1	件	瓷	明正德	1997 年 1 月李鸿基捐赠	
278	青花奔马图碗	1	件	瓷	晚明	1997 年 1 月李鸿基捐赠	
279	青花花鸟纹碗	1	件	瓷	明万历	1997 年 1 月李鸿基捐赠	
280	青花寿字纹盘	1	件	瓷	清乾隆	1997 年 1 月李鸿基捐赠	
281	青花花草纹碗	1	件	瓷	明万历	1997 年 1 月周振武捐赠	
282	青花花卉纹盘	1	件	瓷	清嘉庆	1997 年 1 月周振武捐赠	
283	青花人物图四系罐	1	件	瓷	清	1997 年 1 月蓝子杏捐赠	
284	青花人物图油壶	1	件	瓷	清同治	1997 年 1 月蓝子杏捐赠	
285	青花花卉纹盘	1	件	瓷	清	1997 年 1 月蓝子杏捐赠	
286	青花缠枝莲纹盖罐	1	件	瓷	明嘉靖	1997 年 1 月叶耀捐赠	
287	青花奔马图碗	1	件	瓷	明	1997 年 1 月叶耀捐赠	
288	青花佛手纹碗	1	件	瓷	明	1997 年 1 月叶耀捐赠	
289	青花花鸟纹烛台	1	件	瓷	清咸丰—同治	1997 年 1 月叶耀捐赠	
290	青花山水纹碟	1	件	瓷	明	1997 年 1 月叶耀捐赠	
291	青花开光双狮戏球图枕	1	件	瓷	中华民国	1997 年 1 月刘建业捐赠	

292	青花花卉纹碗	1	件	瓷	清	1997 年 1 月刘建业捐赠	
293	青花花卉纹盖罐	1	件	瓷	明	1997 年 1 月刘建业捐赠	
294	青花缠枝花卉纹钵	1	件	瓷	清嘉庆—道光	1997 年 1 月刘建业捐赠	
295	青花花卉纹酒壶	1	件	瓷	清	1997 年 1 月郭志强捐赠	
296	青花人物图笔筒	1	件	瓷	清道光	1997 年 1 月郭志强捐赠	
297	青花喜字纹碗	1	件	瓷	清	1997 年 1 月郭志强捐赠	
298	青花花草纹碗	1	件	瓷	清	1997 年 1 月郭志强捐赠	
299	青花喜字纹碗	1	件	瓷	清	1997 年 1 月郭志强捐赠	
300	青花花卉纹油灯	1	件	瓷	清咸丰—同治	1997 年 1 月郭志强捐赠	
301	青花菊花纹盘	1	件	瓷	中华民国	1997 年 1 月郭志强捐赠	
302	青花龙纹盘	1	件	瓷	清康熙	1997 年 1 月李庆全捐赠	
303	青花花篮纹盘	1	件	瓷	清康熙	1997 年 1 月李庆全捐赠	
304	青花缠枝花卉纹碗	1	件	瓷	清嘉庆	1997 年 1 月李庆全捐赠	
305	青花夔龙纹碗	1	件	瓷	清康熙	1997 年 1 月李庆全捐赠	
306	青花蟠螭纹炉	1	件	瓷	清乾隆	1997 年 1 月李庆全捐赠	
307	青花卉纹烛台	1	件	瓷	清	1997 年 1 月李庆全捐赠	
308	青花双喜纹茶杯	1	件	瓷	清	1997 年李庆全捐赠	
309	青花杂宝纹烛台	1	件	瓷	清	1997 年李庆全捐赠	
310	青花花卉纹鞋式水洗	1	件	瓷	清乾隆	1997 年李庆全捐赠	
311	青花花草纹碗	1	件	瓷	清	1997 年李庆全捐赠	
312	青花花草纹碗	1	件	瓷	清	1997 年李庆全捐赠	
313	青花花草纹碗	1	件	瓷	明	1997 年李庆全捐赠	
314	粉彩开光花卉人物图枕	1	件	瓷	清同治	1997 年 1 月 15 日郭志强捐赠	
315	粉彩花鸟纹花形碗	1	件	瓷	清同治	1997 年 1 月 15 日郭志强捐赠	
316	粉彩皮球纹棱口碗	1	件	瓷	清同治	1997 年 1 月 15 日郭志强捐赠	
317	粉彩八卦纹八角盘	1	件	瓷	清同治	1997 年 11 月 15 日薛坚华捐赠	
318	彩绘公鸡纹碗	1	件	瓷	中华民国	1997 年 11 月 15 日郭志强捐赠	
319	日本彩绘福寿纹碟	1	件	瓷	中华民国	1997 年 11 月 15 日郭志强捐赠	
320	三彩花卉纹陶杯	1	件	陶	清初	1997 年 11 月 15 日李庆全捐赠	
321	绿釉瓜棱形执壶	1	件	陶	清	1997 年 1 月周振武捐赠	
322	鳝鱼黄釉方炉	1	件	瓷	清	1997 年 1 月李庆全捐赠	
323	天蓝釉盖罐	1	件	瓷	清初	1997 年 1 月李庆全捐赠	
324	白釉堆蟠螭纹水洗	1	件	瓷	清中、晚期	无名氏捐赠	
325	青白釉出戟带盖谷仓	1	件	瓷	宋	1997 年 1 月 15 日周振武捐赠	
326	白釉观音坐像	1	件	瓷	清末	无名氏捐赠	
327	白釉点褐彩谷仓	1	件	瓷	宋	1997 年 1 月 15 日赵自强捐赠	
328	白釉罐	1	件	瓷	宋	1997 年 1 月 15 日李鸿基捐赠	
329	白釉盘	1	件	瓷	明	1997 年 1 月 15 日叶耀捐赠	
330	白釉瓜形罐	1	件	瓷	宋早期	1997 年 1 月 15 日梁戊年捐赠	
331	白釉碗	1	件	瓷	南宋	1997 年 1 月 15 日李庆全捐赠	
332	元龙泉窑刻花罐	1	件	瓷	元	无名氏捐赠	
333	青花山水纹罐	1	件	瓷	明	2003 年 2 月莫稚捐赠	
334	青花双喜纹罐	1	件	瓷	清	2003 年 2 月莫稚捐赠	
335	青白釉鱼纹碟	1	件	瓷	元	1997 年 1 月 15 日赵自强捐赠	
336	影青刻花碗	1	件	瓷	宋	1997 年 1 月 15 日赵自强捐赠	

337	影青刻花花草纹碗	1	件	瓷	宋	1997 年 1 月 15 日赵自强捐赠	
338	影青刻花葵口碗	1	件	瓷	宋	1997 年 1 月 15 日赵自强捐赠	
339	影青碟	1	件	瓷	宋	1997 年 1 月 15 日赵自强捐赠	
340	青白釉刻花钵	1	件	瓷	元	1997 年 1 月 15 日赵自强捐赠	
341	影青点彩瓶	1	件	瓷	宋	1997 年 1 月 15 日赵自强捐赠	
342	影青堆贴佛像魂坛	1	件	瓷	宋	1997 年 1 月 15 日赵自强捐赠	
343	影青堆贴佛像魂坛	1	件	瓷	宋	1997 年 1 月 15 日赵自强捐赠	
344	青釉印圆圈纹碟	1	件	瓷	南朝	1997 年 1 月 15 日李鸿基捐赠	
345	青釉长颈瓶	1	件	瓷	唐	1997 年 1 月 15 日李鸿基捐赠	
346	影青刻花花卉纹碗	1	件	瓷	宋	1997 年 1 月 15 日李鸿基捐赠	
347	影青刻花卷云纹碗	1	件	瓷	宋	1997 年 1 月 15 日李鸿基捐赠	
348	青白釉盖罐	1	件	瓷	宋	1997 年 1 月 15 日李鸿基捐赠	
349	影青刻花碗	1	件	瓷	宋	1997 年 1 月 15 日周振武捐赠	
350	影青印花莲瓣纹瓶	1	件	瓷	宋	1997 年 1 月 15 日周振武捐赠	
351	影青刻水波纹碗	1	件	瓷	宋	1997 年 1 月 15 日周振武捐赠	
352	青白釉堆贴人物魂坛	1	件	瓷	元	1997 年 1 月 15 日蓝子杏捐赠	
353	青白釉堆贴人物魂坛	1	件	瓷	宋	1997 年 1 月 15 日蓝子杏捐赠	
354	青白釉贴花纹三耳罐	1	件	瓷	宋	1997 年 1 月 15 日蓝子杏捐赠	
355	影青碗	1	件	瓷	宋	1997 年 1 月 15 日蓝子杏捐赠	
356	青釉碗	1	件	瓷	元	1997 年 1 月 15 日蓝子杏捐赠	
357	青釉四系罐	1	件	瓷	元	1997 年 1 月 15 日蓝子杏捐赠	
358	影青瓶	1	件	瓷	宋	1997 年 1 月 15 日叶耀捐赠	
359	影青印花花卉纹瓶	1	件	瓷	宋	1997 年 1 月 15 日叶耀捐赠	
360	青白釉贴人物魂坛	1	件	瓷	元	1997 年 1 月 15 日刘建业捐赠	
361	青白釉贴人物魂坛	1	件	瓷	元	1997 年 1 月 15 日刘建业捐赠	
362	青白釉碟	1	件	瓷	宋	1997 年 1 月 15 日叶耀捐赠	
363	青白釉碗	1	件	瓷	宋	1997 年 1 月 15 日叶耀捐赠	
364	影青魂坛	1	件	瓷	宋	1997 年 1 月 15 日叶耀捐赠	
365	影青刻花花卉纹碗	1	件	瓷	宋	1997 年 1 月 15 日叶耀捐赠	
366	青白釉盘	1	件	瓷	宋	1997 年 1 月 15 日张家光捐赠	
367	青釉暗花花卉纹瓶	1	件	瓷	清乾隆	1997 年 1 月 15 日张家光捐赠	
368	青釉点褐彩碟	1	件	瓷	宋	1997 年 1 月 15 日梁戊年捐赠	
369	影青执壶	1	件	瓷	元	1997 年 1 月 15 日薛坚华捐赠	
370	影青四系罐	1	件	瓷	宋	1997 年 1 月 15 日薛坚华捐赠	
371	豆青釉青花盘	1	件	瓷	清乾隆	1997 年 1 月 15 日刘建业捐赠	
372	豆青釉魂坛	1	件	瓷	宋	1997 年 1 月 15 日刘建业捐赠	
373	影青花口盘	1	件	瓷	宋	1997 年 1 月 15 日刘建业捐赠	
374	青白釉三足炉	1	件	瓷	元	1997 年 1 月 15 日刘建业捐赠	
375	青釉杯	1	件	瓷	元	1997 年 1 月 15 日刘建业捐赠	
376	影青灯盏	1	件	瓷	清中期	1997 年 1 月 15 日刘建业捐赠	
377	青白釉壶	1	件	瓷	元	1997 年 1 月 15 日刘建业捐赠	
378	豆青釉碗	1	件	瓷	清中期	1997 年 1 月 15 日郭志强捐赠	
379	青白釉盘	1	件	瓷	清末	1997 年 1 月 15 日郭志强捐赠	
380	影青带盖坛	1	件	瓷	宋	1997 年 1 月 15 日李庆全捐赠	
381	青釉碗	1	件	瓷	元	1997 年 1 月 15 日李庆全捐赠	
382	白釉双系执壶	1	件	瓷	宋	1997 年 1 月 15 日李庆全捐赠	

383	酱釉弦纹高身陶瓶	1	件	陶	元	无名氏捐赠	
384	龙泉窑暗花三足炉	1	件	瓷	明	无名氏捐赠	
385	仿哥釉青花执壶	1	件	瓷	清末	1997 年 1 月 15 日蓝子杏捐赠	
386	仿哥釉青花执壶	1	件	瓷	清中期	1997 年 1 月 15 日蓝子杏捐赠	
387	漳州窑仿哥釉盘	1	件	瓷	清末	1997 年 1 月 15 日李庆全捐赠	
388	龙泉窑龟纹碟	1	件	瓷	元	1997 年 1 月 15 日赵自强捐赠	
389	青釉水洗	1	件	瓷	清初	1997 年 1 月 15 日李鸿基捐赠	
390	青釉刻花花草纹碗	1	件	瓷	元	1997 年 1 月 15 日叶耀捐赠	
391	龙泉窑盖罐	1	件	瓷	元	1997 年 1 月 15 日梁戊年捐赠	
392	龙泉窑盖罐	1	件	瓷	南宋	1997 年 1 月 15 日薛坚华捐赠	
393	龙泉窑高足碗	1	件	瓷	宋	1997 年 1 月 15 日薛坚华捐赠	
394	龙泉窑印花花卉纹碗	1	件	瓷	明	1997 年 1 月 15 日薛坚华捐赠	
395	青釉碗	1	件	瓷	元	1997 年 1 月 15 日刘建业捐赠	
396	龙泉窑菊瓣纹碗	1	件	瓷	元	1997 年 1 月 15 日梁戊年捐赠	
397	龙泉窑印花花卉纹碟	1	件	瓷	宋	1997 年 1 月 15 日陈斌捐赠	
398	青釉瓶	1	件	瓷	元	1997 年 1 月 15 日郭志强捐赠	
399	青花夔龙纹盘	1	件	瓷	清雍正	1997 年 1 月 15 日叶耀捐赠	
400	正德甜白釉碗	1	件	瓷	明正德	1997 年 1 月 15 日李鸿基捐赠	
401	青白釉太平有象烛台	1	件	瓷	元	1997 年 1 月 15 日张家光捐赠	
402	白釉罐	1	件	瓷	宋	1997 年 1 月 15 日梁戊年捐赠	
403	白釉菱花口盘	1	件	瓷	清道光	1997 年 1 月 15 日刘建业捐赠	
404	建窑兔毫盏	1	件	瓷	宋	1997 年李鸿基捐赠	
405	建窑黑釉盏	1	件	瓷	宋	1997 年李鸿基捐赠	
406	建窑酱釉盏	1	件	瓷	宋	1997 年李鸿基捐赠	
407	黑釉带盖谷仓	1	件	瓷	元	1997 年蓝子杏捐赠	
408	黑釉罐	1	件	瓷	南宋	1997 年张家光捐赠	
409	黑釉罐	1	件	瓷	元	1997 年张家光捐赠	
410	黑釉印菊花纹双耳壶	1	件	瓷	清初	1997 年刘建业捐赠	
411	黑釉印菊花纹双耳壶	1	件	瓷	清初	1997 年刘建业捐赠	
412	建窑斗笠碗	1	件	瓷	宋	1997 年李庆全捐赠	
413	酱褐釉瓶	1	件	瓷	明万历	1997 年李鸿基捐赠	
414	酱褐釉瓶	1	件	瓷	明万历	1997 年李鸿基捐赠	
415	吉州窑剪纸贴花双凤纹盏	1	件	瓷	元	1997 年周振武捐赠	
416	吉州窑剪纸贴花双凤纹盏	1	件	瓷	元	1997 年周振武捐赠	
417	酱褐釉直道纹小罐	1	件	瓷	宋	1997 年张家光捐赠	
418	吉州窑褐釉杯	1	件	瓷	宋	1997 年梁戊年捐赠	
419	吉州窑褐釉小罐	1	件	瓷	宋	1997 年梁戊年捐赠	
420	珊瑚红水仙盆	1	件	瓷	清同治	1997 年 1 月薛坚华捐赠	
421	窑变釉罐	1	件	瓷	清末	1997 年 1 月 15 日李鸿基捐赠	
422	钧窑青釉供器	1	件	瓷	元	1997 年 1 月 15 日周振武捐赠	
423	蓝釉小碗	1	件	瓷	元	1997 年 1 月 15 日李庆全捐赠	
424	石湾窑窑变釉方形花盆	1	件	陶	清末	无名氏捐赠	
425	青黄釉贴塑佛像谷仓	1	件	陶	宋	欧静山捐赠	
426	青釉贴塑佛像谷仓	1	件	陶	宋	无名氏捐赠	
427	素胎盘口鸡首壶	1	件	陶	东晋	无名氏捐赠	
428	黑釉陶罐	1	件	陶	中华民国	无名氏捐赠	

429	双系弦纹陶壶	1	件	陶	汉	无名氏捐赠	
430	蚕茧形陶壶	1	件	陶	汉	1997 年 1 月 15 日赵自强捐赠	
431	绿釉陶碟	1	件	陶	辽	1997 年 1 月 15 日李鸿基捐赠	
432	绿釉陶奁	1	件	陶	汉	1997 年 1 月 15 日李鸿基捐赠	
433	瑞兽陶烛台	1	件	陶	汉	1997 年 1 月 15 日周振武捐赠	
434	瑞兽陶烛台	1	件	陶	汉	1997 年 1 月 15 日周振武捐赠	
435	青釉碗	1	件	陶	元	1997 年 1 月 15 日周振武捐赠	
436	青釉双系陶执壶	1	件	陶	晚唐	1997 年 1 月 15 日周振武捐赠	
437	方格纹双系陶罐	1	件	陶	汉	1997 年 1 月 15 日周振武捐赠	
438	青釉送子观音坐像	1	件	瓷	清	1997 年 1 月 15 日周振武捐赠	
439	酱黄釉陶罐	1	件	陶	汉	1997 年 1 月 15 日蓝子杏捐赠	
440	网纹陶罐	1	件	陶	汉	1997 年 1 月 15 日蓝子杏捐赠	
441	黄釉小罐	1	件	陶	宋	1997 年 1 月 15 日蓝子杏捐赠	
442	吉州窑白釉刻花钵	1	件	瓷	元	1997 年 1 月 15 日蓝子杏捐赠	
443	几何纹陶井	1	件	陶	东汉	1997 年 1 月 15 日蓝子杏捐赠	
444	酱黄釉陶钵	1	件	陶	唐	1997 年 1 月 15 日蓝子杏捐赠	
445	素胎三系陶罐	1	件	陶	宋	1997 年 1 月 15 日蓝子杏捐赠	
446	绿釉陶罐	1	件	陶	明	1997 年 1 月 15 日蓝子杏捐赠	
447	陶罐	1	件	陶	宋	1997 年 1 月 15 日张家光捐赠	
448	黄釉罐	1	件	陶	元	1997 年 1 月 15 日张家光捐赠	
449	酱釉葫芦形陶瓶	1	件	陶	元	1997 年 1 月 15 日叶耀捐赠	
450	青黄釉折腰碗	1	件	陶	六朝	1997 年 1 月 15 日梁戊年捐赠	
451	贴塑水波纹陶瓶	1	件	瓷	宋	1997 年 1 月 15 日薛坚华捐赠	
452	绿釉陶罐	1	件	陶	汉	1997 年 1 月 15 日薛坚华捐赠	
453	陶鼎	1	件	陶	汉	1997 年 1 月 15 日刘建业捐赠	
454	酱釉堆塑龙纹陶器盖	1	件	陶	唐	1997 年 1 月 15 日李庆全捐赠	
455	石湾窑绿釉陶罐	1	件	陶	明	1997 年 1 月 15 日李鸿基捐赠	
456	石湾窑绿釉高足碟	1	件	陶	清初	1997 年 1 月 15 日周振武捐赠	
457	石湾窑橙色釉供器	1	件	陶	清末	1997 年 1 月 15 日刘建业捐赠	
458	石湾窑绿釉云头纹茶叶罐	1	件	陶	清	1997 年 1 月 15 日李庆全捐赠	
459	石湾窑花插	1	件	陶	中华民国	1997 年 1 月 15 日李庆全捐赠	
460	酱釉四系陶罐	1	件	陶	明	2003 年 2 月莫稚捐赠	
461	石湾绿釉陶罐	1	件	陶	明	1997 年 1 月 15 日李庆全赠	
462	绿釉狮子陶烛台	1	件	陶	清	1997 年 1 月 15 日李庆全赠	
463	冬青釉陶鸭	1	对	陶	中华民国	2010 年 4 月张家添捐赠	
464	邓尔雅隶书七言联	1	对	纸	中华民国	无名氏捐赠	
465	吕坚行书七言	1	对	纸	清	无名氏捐赠	
466	王应华草书五绝	1	幅	纸	明	无名氏捐赠	
467	康有为行书"论才"轴	1	幅	纸	清	无名氏捐赠	
468	黄节行草七律等越秀山轴	1	幅	纸	清	无名氏捐赠	
469	李文田行书四屏	1	幅	纸	清	无名氏捐赠	
470	高剑父设色老鼠头偷枇杷图轴	1	幅	纸	中华民国	无名氏捐赠	
471	康有为行草横幅	1	幅	纸	清	无名氏捐赠	
472	康有为行草手卷	1	幅	纸	清	文革时期无名氏捐赠	
473	黄培芳隶书轴	1	幅	纸	清	文革时期无名氏捐赠	
474	刘彬华行书轴	1	幅	纸	清	文革时期无名氏捐赠	

475	黄丹书行书临王献之书轴	1	幅	纸	清	无名氏捐赠	
476	吕世宜隶书横幅	1	幅	纸	清	无名氏捐赠	
477	卓定谋草书节千字文轴	1	幅	纸	清	无名氏捐赠	
478	邹寿祺临铭文轴	1	幅	纸	中华民国	无名氏捐赠	
479	黄节行草轴	1	幅	纸	1926年	无名氏捐赠	
480	宋湘行书七言对联	1	对	纸	清	无名氏捐赠	
481	黎简行书七言对联	1	对	纸	清	无名氏捐赠	
482	陈澧行书七言对联	1	对	纸	清	无名氏捐赠	
483	谢兰生行书七言对联	1	对	纸	清	无名氏捐赠	
484	邓尔疋篆书五言对联	1	对	纸	中华民国	无名氏捐赠	
485	邓尔疋行书七言对联	1	对	纸	中华民国	无名氏捐赠	
486	张金鉴行书七言对联	1	对	纸	清	无名氏捐赠	
487	容青田行书八言对联	1	对	纸	清	无名氏捐赠	
488	邓尔疋篆书七言对联	1	对	纸	中华民国	无名氏捐赠	
489	潘景吾设色天中呈瑞图轴	1	幅	绢	清	无名氏捐赠	
490	何丹山法华秋月设色四屏	4	幅	纸	清	无名氏捐赠	
491	林奇设色竹鹤图轴	1	幅	纸	清	无名氏捐赠	
492	方人定彩墨荷叶鸳鸯图轴	1	幅	纸	中华人民共和国	无名氏捐赠	
493	张穆水墨老树三马图横幅	1	幅	纸	明末	无名氏捐赠	
494	张穆淡彩古树系驹图轴	1	幅	纸	明末	无名氏捐赠	
495	谢兰生浅绛仿米王山庄秋色抚琴图轴	1	幅	绢	清	无名氏捐赠	
496	蒋莲浅绛仿无人山水图轴	1	幅	纸	清	无名氏捐赠	
497	熊景星浅绛上仿梅花道人法春山悬瀑下孤亭夕照图轴		幅	纸	清咸丰	无名氏捐赠	
498	朱梓淡设色七贤高稳图轴	1	幅	纸	清同治	无名氏捐赠	
499	梁枢水墨夏山凉亭轴	1	幅	绢	清嘉庆	无名氏捐赠	
500	李凤公设色秋树根图轴	1	幅	纸	1942年	无名氏捐赠	
501	秦炳文浅绛山水画册	2	页	纸	清	无名氏捐赠	
502	梁于渭浅绛平野秋林图册页	1	页	纸	清	无名氏捐赠	
503	高俨草书扇面	1	幅	纸	清	无名氏捐赠	
504	陈恭尹隶书诗两首扇面	1	幅	纸	明	无名氏捐赠	
505	黄友竹淡设色虎扇画	1	幅	纸	清	无名氏捐赠	
506	居廉设色苦瓜茄子图纨扇	1	幅	纸	无年款	无名氏捐赠	
507	居廉设色花卉螳螂图团扇	1	幅	纸	1899年	王匡捐赠	
508	居廉设色花卉石虫图扇面	1	幅	纸	清	王匡捐赠	
509	居廉设色瓜果图扇面	1	幅	纸	清	王匡捐赠	
510	居廉水墨石榴小鸟图扇面	1	幅	纸	清	王匡捐赠	
511	居廉行书七言联	1	对	纸	1887年	无名氏捐赠	
512	高俨草书扇面	1	幅	纸	清	无名氏捐赠	
513	高俨草书扇面	1	幅	纸	清	无名氏捐赠	
514	邓尔疋篆书扇面	1	幅	纸	1919年	无名氏捐赠	
515	邓尔疋行书诗两首扇面	1	幅	纸	1919年	无名氏捐赠	
516	清仿奚冈水墨仿大痴老人意山水图轴	1	幅	纸	清道光	无名氏捐赠	
517	张问陶设色菊花白菜图团扇	1	幅	绢	清	无名氏捐赠	
518	林则徐款行书七言联	1	对	纸	清	无名氏捐赠	
519	邓白设色梅花喜鹊图轴	1	幅	纸	1985年	1992年邓白捐赠	

520	邓白设色棉麻丰收图轴	1	幅	纸	1958 年	1992 年邓白捐赠	
521	邓白设色秋思图轴	1	幅	纸	1988 年	1992 年邓白捐赠	
522	邓白设色丹荔鸣蝉图轴	1	幅	纸	1979 年	1992 年邓白捐赠	
523	邓白设色竹下琴弦图轴	1	幅	纸	1948 年	1992 年邓白捐赠	
524	邓白设色拒霜图轴	1	幅	纸	1980 年	1992 年邓白捐赠	
525	邓白设色瑶台艳雪	1	幅	纸	1945 年	1992 年邓白捐赠	
526	邓白设色桐花山鹂图轴	1	幅	纸	1945 年	1992 年邓白捐赠	
527	邓白设色秋汀野鹭图轴	1	幅	纸	1942 年	1992 年邓白捐赠	
528	邓白设色捕蝉图轴	1	幅	纸	1979 年	1992 年邓白捐赠	
529	邓白设色良宵秋思图轴	1	幅	纸	1948 年	1992 年 11 月邓白捐赠	
530	邓白设色薄雾疏篁图	1	幅	纸	1945 年	1992 年 11 月邓白捐赠	
531	当代邓白设色梨花院落图轴	1	幅	纸	1991 年	1992 年 11 月邓白捐赠	
532	邓白设色白头偕老图轴	1	幅	纸	1982 年	1992 年 11 月邓白捐赠	
533	邓白设色子母鸡图轴	1	幅	绢	1980 年	1992 年 11 月邓白捐赠	
534	邓白设色梅花图轴	1	幅	纸	1979 年	1992 年 11 月邓白捐赠	
535	邓白设色江南春图轴	1	幅	纸	1981 年	1992 年 11 月邓白捐赠	
536	邓白设色小山词意图轴	1	幅	纸	1987 年	1992 年 11 月邓白捐赠	
537	邓白设色日出江花红胜火图镜片	1	幅	纸	1978 年	1992 年 11 月邓白捐赠	
538	邓白设色不老松图镜片	1	幅	纸	1981 年	1992 年 11 月邓白捐赠	
539	邓白临敦煌隋代供养人图镜片	1	幅	纸	1956 年	1992 年 11 月邓白捐赠	
540	邓白临敦煌隋代牛车图镜片	1	幅	纸	1956 年	1992 年 11 月邓白捐赠	
541	邓白临敦煌唐代观音图镜片	1	幅	纸	1956 年	1992 年 11 月邓白捐赠	
542	邓白临敦煌莫高窟唐代飞天图镜片	1	幅	纸	1956 年	1992 年 11 月邓白捐赠	
543	当代邓白临敦煌莫高窟北魏须那太子本生古诗图镜片	1	幅	纸	1956 年	1992 年 11 月邓白捐赠	
544	邓白临永乐宫壁画纯阳帝君神游化图镜片	1	幅	纸	1956 年	1992 年 11 月邓白捐赠	
545	邓白临永乐三清殿壁画五女图镜片	1	幅	纸	1956 年	1992 年 11 月邓白捐赠	
546	邓白临永乐宫壁画玉女局部图镜片	1	幅	纸	1956 年	1992 年 11 月邓白捐赠	
547	邓白设色黄山山水图镜片	1	幅	纸	1956 年	1992 年 11 月邓白捐赠	
548	邓白设色黄山云海图镜片	1	幅	纸	1956 年	1992 年 11 月邓白捐赠	
549	邓白设色天都峰一角图镜片	1	幅	纸	1956 年	1992 年 11 月邓白捐赠	
550	邓白设色蓬莱三岛图镜片	1	幅	纸	1956 年	1992 年 11 月邓白捐赠	
551	邓白设色玉屏山迎客松图镜片	1	幅	纸	1956 年	1992 年 11 月邓白捐赠	
552	邓白设色玉屏山远眺图镜片	1	幅	纸	1956 年	1992 年 11 月邓白捐赠	
553	邓白设色始信峰奇松图镜片	1	幅	纸	1956 年	1992 年 11 月邓白捐赠	
554	邓白设色清凉台图镜片	1	幅	纸	1956 年	1992 年 11 月邓白捐赠	
555	邓白设色莲花莲蕊两峰图镜片	1	幅	纸	1956 年	1992 年 11 月邓白捐赠	
556	邓白设色天门坎石壁图镜片	1	幅	纸	1956 年	1992 年 11 月邓白捐赠	
557	邓白设色黄山遣兴图镜片	1	幅	纸	1956 年	1992 年 11 月邓白捐赠	
558	邓白设色花卉草虫册	5	幅	纸	1975 年	1992 年 11 月邓白捐赠	
559	邓白设色四时春连屏	5	幅	绢	1961 年	1992 年 11 月邓白捐赠	
560	邓白设色不染图轴	1	幅	纸	1984 年	1992 年 11 月邓白捐赠	
561	邓白设色岭南丹荔图轴	1	幅	纸	1979 年	1992 年 11 月邓白捐赠	
562	邓白设色万紫千红图轴	1	幅	纸	1962 年	1992 年 11 月邓白捐赠	
563	邓白设色和平之春图轴	1	幅	纸	1942 年	1992 年 11 月邓白捐赠	
564	邓白设色报喜图镜片	1	幅	纸	1961 年	1992 年 11 月邓白捐赠	

565	邓白设色今年花比去年红图镜片	1	幅	纸	1982 年	1992 年 11 月邓白捐赠	
566	邓白设色西山红叶诗意图镜片	1	幅	纸	1982 年	1992 年 11 月邓白捐赠	
567	邓白行书杜甫江汉五律诗镜片	1	幅	纸	1989 年	1992 年 11 月邓白捐赠	
568	邓白行书旧作七绝寻春诗轴	1	幅	纸	1992 年	1992 年 11 月邓白捐赠	
569	邓白行书旧作致富诗轴	1	幅	纸	1990 年	1992 年 11 月邓白捐赠	
570	邓白行书莫笑残年犹著术诗轴	1	幅	纸	1992 年	1992 年 11 月邓白捐赠	
571	邓白行书石涛七绝诗轴	1	幅	纸	1991 年	1992 年 11 月邓白捐赠	
572	邓白行书石涛论画诗轴	1	幅	纸	1992 年	1992 年 11 月邓白捐赠	
573	邓白行书旧作七绝卧龙诗轴	1	幅	纸	1988 年	1992 年 11 月邓白捐赠	
574	邓白行书"精神到处文章老"轴	1	幅	纸	1991 年	1992 年 11 月邓白捐赠	
575	邓白行书"兴啼鸟换"轴	1	幅	纸	1994 年	1992 年 11 月邓白捐赠	
576	邓白行书杨万里诗轴	1	幅	纸	1988 年	1992 年 11 月邓白捐赠	
577	邓白行书七绝谢故乡惠荔枝轴	1	幅	纸	1992 年	1992 年 11 月邓白捐赠	
578	邓白行书旧作七绝孤山探梅诗二首轴	1	幅	纸	1992 年	1992 年 11 月邓白捐赠	
579	邓白行书杜牧五律夜泊桐卢诗轴	1	幅	纸	1992 年	1992 年 11 月邓白捐赠	
580	邓白行书集古句梅花七律诗十首轴	1	幅	纸	1991 年	1992 年 11 月邓白捐赠	
581	邓白行书张九龄荔枝赋轴	1	幅	纸	1980 年	1992 年 11 月邓白捐赠	
582	邓白行书旧作浣溪沙一门轴	1	幅	纸	1991 年	1992 年 11 月邓白捐赠	
583	邓白行书碑刻陆游七绝二首轴	1	幅	纸	1989 年	1992 年 11 月邓白捐赠	
584	邓白行书杜甫戏为六绝句立轴	3	幅	纸	1992 年	1992 年 11 月邓白捐赠	
585	邓白行草轴	1	幅	纸	1992 年	1992 年 11 月邓白捐赠	
586	邓白行书辛弃疾临江仙探梅诗横幅	1	幅	纸	1993 年	1992 年 11 月邓白捐赠	
587	邓白行书赵宽西湖诗轴	1	幅	纸	1994 年	1992 年 11 月邓白捐赠	
588	邓白行书旧作七绝诗两首横幅	1	幅	纸	1995 年	1992 年 11 月邓白捐赠	
589	邓白行书杨万里七绝诗横幅	1	幅	纸	1992 年	1992 年 11 月邓白捐赠	
590	邓白行书旧作元川诗横幅	1	幅	纸	1992 年	1992 年 11 月邓白捐赠	
591	邓白行书陆游无绝诗横幅	1	幅	纸	1991 年	1992 年 11 月邓白捐赠	
592	邓白行书"炼成锋锷"横幅	1	幅	纸	1991 年	1992 年 11 月邓白捐赠	
593	邓白行书陆游五绝诗横幅	1	幅	纸	1991 年	1992 年 11 月邓白捐赠	
594	邓白行书陆游初夏幽居句横幅	1	幅	纸	1992 年	1992 年 11 月邓白捐赠	
595	邓白行书唐王维句横幅	1	幅	纸	1988 年	1992 年 11 月邓白捐赠	
596	邓白行书杜甫七绝诗横幅	1	幅	纸	1991 年	1992 年 11 月邓白捐赠	
597	邓白行书石涛五律诗横幅	1	幅	纸	1991 年	1992 年 11 月邓白捐赠	
598	邓白行草旧作长卷	1	幅	纸	1992 年	1992 年 11 月邓白捐赠	
599	邓白行书七律虎门诗镜片	1	幅	纸	1992 年	1992 年 11 月邓白捐赠	
600	邓白行书浪淘沙留须戏作诗轴	1	幅	纸	1997 年	1992 年 11 月邓白捐赠	
601	邓白行书怀乡旧作三十首册	11	页	纸	1992 年	1992 年 11 月邓白捐赠	
602	卢子枢浅绛陆游诗意图轴	1	幅	纸	1932 年	1999 年 9 月卢子枢家属捐赠	
603	卢子枢设色仿张洽林居峦翠图轴	1	幅	纸	1923 年	1999 年 9 月卢子枢家属捐赠	
604	卢子枢青绿山水秋峦耸秀图轴	1	幅	纸	1957 年	1999 年 9 月卢子枢家属捐赠	
605	卢子枢水墨仿董香光山水图轴	1	幅	纸	1948 年	1999 年 9 月卢子枢家属捐赠	
606	卢子枢水墨重峦密树图轴	1	幅	纸	1935 年	1999 年 9 月卢子枢家属捐赠	
607	卢子枢设色毛主席诗意仙人洞图轴	1	幅	纸	1973 年	1999 年 9 月卢子枢家属捐赠	
608	卢子枢水墨晓烟酣石气图轴	1	幅	纸	1957 年	1999 年 9 月卢子枢家属捐赠	
609	卢子枢设色林峦秋色图轴	1	幅	纸	1944 年	1999 年 9 月卢子枢家属捐赠	
610	卢子枢水墨春山晴雨霭图轴	1	幅	纸	1934 年	1999 年 9 月卢子枢家属捐赠	

611	卢子枢设色仿沈周水阁空明图轴	1	幅	纸	1963 年	1999 年 9 月卢子枢家属捐赠	
612	卢子枢水墨秋山林木图轴	1	幅	纸	1944 年	1999 年 9 月卢子枢家属捐赠	
613	卢子枢水墨寒岩云瀑图轴	1	幅	纸	1937 年	1999 年 9 月卢子枢家属捐赠	
614	卢子枢水墨高山流水图轴	1	幅	纸	1943 年	1999 年 9 月卢子枢家属捐赠	
615	卢子枢设色竹石枯树图轴	1	幅	纸	1931 年	1999 年 9 月卢子枢家属捐赠	
616	卢子枢设色石门金山寺图轴	1	幅	纸	1954 年	1999 年 9 月卢子枢家属捐赠	
617	卢子枢设色灾痕不见见新村图轴	1	幅	纸	1959 年	1999 年 9 月卢子枢家属捐赠	
618	卢子枢设色绿化荒山图轴	1	幅	纸	1958 年	1999 年 9 月卢子枢家属捐赠	
619	卢子枢设色惠阳西湖山色图轴	1	幅	纸	1960 年	1999 年 9 月卢子枢家属捐赠	
620	卢子枢设色阳江山色图轴	1	幅	纸	1958 年	1999 年 9 月卢子枢家属捐赠	
621	卢子枢设色漱珠冈图横幅	1	幅	纸	1954 年	1999 年 9 月卢子枢家属捐赠	
622	卢子枢设色白云山金液池图镜片	1	幅	纸	1962 年	1999 年 9 月卢子枢家属捐赠	
623	卢子枢设色浦间廉泉图镜片	1	幅	纸	1956 年	1999 年 9 月卢子枢家属捐赠	
624	卢子枢设色七星岩天柱阁图镜片	1	幅	纸	1961 年	1999 年 9 月卢子枢家属捐赠	
625	卢子枢设色绍兴东湖图镜片	1	幅	纸	1962 年	1999 年 9 月卢子枢家属捐赠	
626	卢子枢设色石门远望图镜片	1	幅	纸	1975 年	1999 年 9 月卢子枢家属捐赠	
627	卢子枢水墨山碧江清图镜片	1	幅	纸	1962 年	1999 年 9 月卢子枢家属捐赠	
628	卢子枢设色平沙林场写生镜片	1	幅	纸	1961 年	1999 年 9 月卢子枢家属捐赠	
629	卢子枢设色井冈山图镜片	1	幅	纸	1973 年	1999 年 9 月卢子枢家属捐赠	
630	卢子枢设色罗岗洞图镜片	1	幅	纸	1956 年	1999 年 9 月卢子枢家属捐赠	
631	卢子枢设色梅菜公路所见图镜片	1	幅	纸	1958 年	1999 年 9 月卢子枢家属捐赠	
632	卢子枢设色鉴江火车桥工程图册页	1	页	纸	1958 年	1999 年 9 月卢子枢家属捐赠	
633	卢子枢设色电白波心乡远望图册页	1	页	纸	1958 年	1999 年 9 月卢子枢家属捐赠	
634	卢子枢设色闸坡码头一角图册页	1	页	纸	1958 年	1999 年 9 月卢子枢家属捐赠	
635	卢子枢设色漠阳江木桥图册页	1	页	纸	1958 年	1999 年 9 月卢子枢家属捐赠	
636	卢子枢设色茂名引鉴工程图册页	1	页	纸	1958 年	1999 年 9 月卢子枢家属捐赠	
637	卢子枢设色湛江湖光岩图册页	1	页	纸	1958 年	1999 年 9 月卢子枢家属捐赠	
638	卢子枢设色种植木麻黄图册页	1	页	纸	1961 年	1999 年 9 月卢子枢家属捐赠	
639	卢子枢水墨梅兰菊竹图册	4	页	纸	30 年代	1999 年 9 月卢子枢家属捐赠	
640	卢子枢设色秋山红叶图扇面	1	幅	纸	1925 年	1999 年 9 月卢子枢家属捐赠	
641	卢子枢水墨山水图扇面	1	幅	纸	1929 年	1999 年 9 月卢子枢家属捐赠	
642	卢子枢水墨山水图扇面	1	幅	纸	1935 年	1999 年 9 月卢子枢家属捐赠	
643	卢子枢设色临新罗山人扇面	1	幅	纸	1935 年	1999 年 9 月卢子枢家属捐赠	
644	卢子枢拟董思翁墨戏法扇面	1	幅	纸	1929 年	1999 年 9 月卢子枢家属捐赠	
645	卢子枢拟王逢心笔扇面	1	幅	纸	1930 年	1999 年 9 月卢子枢家属捐赠	
646	卢子枢水墨仿查梅壑图扇面	1	幅	纸	1928 年	1999 年 9 月卢子枢家属捐赠	
647	卢子枢水墨仿南田翁山水扇面	1	幅	纸	中华人民共和国	1999 年 9 月卢子枢家属捐赠	
648	卢子枢行书毛主席诗重上井冈山轴	1	幅	纸	1976 年	1999 年 9 月卢子枢家属捐赠	
649	卢子枢行书毛主席和郭沫若诗轴	1	幅	纸	1966 年	1999 年 9 月卢子枢家属捐赠	
650	卢子枢行书毛主席诗沁园春轴	1	幅	纸	1965 年	1999 年 9 月卢子枢家属捐赠	
651	卢子枢行书毛主席和郭沫若诗轴	1	幅	纸	1975 年	1999 年 9 月卢子枢家属捐赠	
652	卢子枢行书毛主席七律送瘟神诗二首轴	1	幅	纸	1975 年	1999 年 9 月卢子枢家属捐赠	
653	卢子枢行书毛主席浪淘沙北戴河轴	1	幅	纸	1969 年	1999 年 9 月卢子枢家属捐赠	
654	卢子枢行书毛主席七律长征轴	1	幅	纸	1974 年	1999 年 9 月卢子枢家属捐赠	
655	卢子枢董必武诗广州起义十周年轴	1	幅	纸	1958 年	1999 年 9 月卢子枢家属捐赠	

656	卢子枢行书郦道元水经注轴	1	幅	纸	中华人民共和国	1999 年 9 月卢子枢家属捐赠	
657	卢子枢行书陆游诗轴	1	幅	纸	中华人民共和国	1999 年 9 月卢子枢家属捐赠	
658	卢子枢隶书千字文轴	1	幅	纸	1962 年	1999 年 9 月卢子枢家属捐赠	
659	卢子枢行书陆游诗轴	1	幅	纸	中华人民共和国	1999 年 9 月卢子枢家属捐赠	
660	卢子枢行书女史箴轴	1	幅	纸	中华人民共和国	1999 年 9 月卢子枢家属捐赠	
661	卢子枢行书秦淮海诗轴	1	幅	纸	中华人民共和国	1999 年 9 月卢子枢家属捐赠	
662	卢子枢行书王安石诗轴	1	幅	纸	1965 年	1999 年 9 月卢子枢家属捐赠	
663	卢子枢行书王冕诗轴	1	幅	纸	中华人民共和国	1999 年 9 月卢子枢家属捐赠	
664	卢子枢隶书毛主席和柳亚子先生轴	1	幅	纸	1965 年	1999 年 9 月卢子枢家属捐赠	
665	卢子枢隶书人定胜天轴	1	幅	纸	1976 年	1999 年 9 月卢子枢家属捐赠	
666	卢子枢行书毛主席句风景这边独好轴	1	幅	纸	中华人民共和国	1999 年 9 月卢子枢家属捐赠	
667	卢子枢行书毛主席句联	1	对	纸	中华人民共和国	1999 年 9 月卢子枢家属捐赠	
668	卢子枢行书集宋贤句联	1	对	纸	中华人民共和国	1999 年 9 月卢子枢家属捐赠	
669	卢子枢行书毛主席句联	1	对	纸	1973 年	1999 年 9 月卢子枢家属捐赠	
670	卢子枢行书毛主席浣溪沙和柳亚子先生词镜片	1	幅	纸	1973 年	1999 年 9 月卢子枢家属捐赠	
671	卢子枢行书毛主席镜片	1	幅	纸	1973 年	1999 年 9 月卢子枢家属捐赠	
672	卢子枢行书胸怀祖国放眼世界镜片	1	幅	纸	中华人民共和国	1999 年 9 月卢子枢家属捐赠	
673	卢子枢李绅诗镜片	1	幅	纸	1973 年	1999 年 9 月卢子枢家属捐赠	
674	卢子枢行书毛主席如梦令元旦词镜片	1	幅	纸	1974 年	1999 年 9 月卢子枢家属捐赠	
675	卢子枢行书毛主席沁园春雪词镜片	1	幅	纸	中华人民共和国	1999 年 9 月卢子枢家属捐赠	
676	卢子枢行书毛主席水调歌头重上井冈山词镜片	1	幅	纸	1976 年	1999 年 9 月卢子枢家属捐赠	
677	卢子枢行书毛主席赠柳亚子先生镜片	1	幅	纸	1975 年	1999 年 9 月卢子枢家属捐赠	
678	卢子枢行书王之涣诗页	1	页	纸	1976 年	1999 年 9 月卢子枢家属捐赠	
679	卢子枢行书毛主席菩萨蛮词页	1	页	纸	1960 年	1999 年 9 月卢子枢家属捐赠	
680	卢子枢行书毛主席诗到韶山页	1	页	纸	中华人民共和国	1999 年 9 月卢子枢家属捐赠	
681	卢子枢行书朱光市长广州好页	1	页	纸	1960 年	1999 年 9 月卢子枢家属捐赠	
682	卢子枢行书陶铸书记庆祝国庆十周年诗页	1	页	纸	1960 年	1999 年 9 月卢子枢家属捐赠	
683	卢子枢行书郭沫若题赠诗页	1	页	纸	1960 年	1999 年 9 月卢子枢家属捐赠	
684	卢子枢行书董必武诗喜度陆放翁句页	1	页	纸	1960 年	1999 年 9 月卢子枢家属捐赠	
685	卢子枢行书毛主席词赠柳亚子先生诗页	1	页	纸	1960 年	1999 年 9 月卢子枢家属捐赠	
686	卢子枢楷书临欧阳询皇府君碑页	1	页	纸	1926 年	1999 年 9 月卢子枢家属捐赠	
687	卢子枢行书毛主席十六字令页	1	页	纸	中华人民共和国	1999 年 9 月卢子枢家属捐赠	

688	卢子枢行书毛主席十六字令页	1	页	纸	中华人民共和国	1999 年 9 月卢子枢家属捐赠	
689	卢子枢行书毛主席十六字令页	1	幅	纸	中华人民共和国	1999 年 9 月卢子枢家属捐赠	
690	卢子枢行书毛主席词庐山仙人洞页	1	幅	纸	中华人民共和国	1999 年 9 月卢子枢家属捐赠	
691	卢子枢行书毛主席诗镜片	1	幅	纸	1966 年	1999 年 9 月卢子枢家属捐赠	
692	卢子枢行书毛主席会友人扇面	1	幅	纸	1964 年	1999 年 9 月卢子枢家属捐赠	
693	卢子枢设色铁矿工地图轴	1	幅	纸	1959 年	1999 年 9 月卢子枢家属捐赠	
694	许麟庐设色蝶恋花图轴	1	幅	纸	中华人民共和国	1995 年 3 月王匡捐赠	
695	黄胄水墨驴轴	1	幅	纸	1981 年	1995 年 3 月王匡捐赠	
696	刘斯奋设色早行图轴	1	幅	纸	1990 年	1995 年 3 月王匡捐赠	
697	刘斯奋水墨老人抚琴图轴	1	幅	纸	1990 年	1995 年 3 月王匡捐赠	
698	徐希设色江南喜雨图轴	1	幅	纸	1980 年	1995 年 3 月王匡捐赠	
699	王康乐设色渔村晓雾图轴	1	幅	纸	1983 年	1995 年 3 月王匡捐赠	
700	宋文治设色太湖山水图轴	1	幅	纸	1978 年	1995 年 3 月王匡捐赠	
701	陈雨天设色雄鸡图轴	1	幅	纸	中华人民共和国	1995 年 3 月王匡捐赠	
702	杨伟林设色飞云瀑图轴	1	幅	纸	1982 年	1995 年 3 月王匡捐赠	
703	关山月设色雪山骏马图轴	1	幅	纸	1961 年	1995 年 3 月王匡捐赠	
704	关山月草书七言联	1	对	纸	1982 年	1995 年 3 月王匡捐赠	
705	关山月草书七言联	1	对	纸	中华人民共和国	1995 年 3 月王匡捐赠	
706	关山月草书陆游句对联	1	对	纸	中华人民共和国	1995 年 3 月王匡捐赠	
707	关山月草书陆游句对联	1	对	纸	中华人民共和国	1995 年 3 月王匡捐赠	
708	周怀民水墨漓江山水图轴	1	幅	纸	1978 年	1995 年 3 月王匡捐赠	
709	陆俨少水墨竹石图轴	1	幅	纸	1978 年	1995 年 3 月王匡捐赠	
710	黎雄才设色松间奔马图轴	1	幅	纸	1975 年	1995 年 3 月王匡捐赠	
711	钱松喦设色海角石林图轴	1	幅	纸	中华人民共和国	1995 年 3 月王匡捐赠	
712	谢稚柳设色芙蓉竹石图轴	1	幅	纸	中华人民共和国	1995 年 3 月王匡捐赠	
713	武石设色老松图横批	1	幅	纸	1991 年	1995 年 3 月王匡捐赠	
714	段云行书岳飞词镜片	1	幅	纸	1979 年	1995 年 3 月王匡捐赠	
715	津慧草书轴	1	幅	纸	中华人民共和国	1995 年 3 月王匡捐赠	
716	曾荣光草书杜甫诗轴	1	幅	纸	1982 年	1995 年 3 月王匡捐赠	
717	杨再春草书渔父辞句轴	1	幅	纸	1980 年	1995 年 3 月王匡捐赠	
718	陈凡行书轴	1	幅	纸	1977 年	1995 年 3 月王匡捐赠	
719	苏华草书轴	1	幅	纸	1987 年	1995 年 3 月王匡捐赠	
720	涂夫行书毛主席词水调歌头重上井冈山轴	1	幅	纸	1976 年	1995 年 3 月王匡捐赠	
721	段云行书寇准江南春轴	1	幅	纸	中华人民共和国	1995 年 3 月王匡捐赠	
722	许涤新行书毛主席词句轴	1	幅	纸	中华人民共和国	1995 年 3 月王匡捐赠	

723	启功行书轴	1	幅	纸	1978 年	1995 年 3 月王匡捐赠	
724	启功行书苏东坡词浣溪沙轴	1	幅	纸	中华人民共和国	1995 年 3 月王匡捐赠	
725	启功行书詠昙花轴	1	幅	纸	1975 年	1995 年 3 月王匡捐赠	
726	寇庆延行书"饱经风霜"轴	1	幅	纸	1988 年	1995 年 3 月王匡捐赠	
727	黄苗子草书苏轼句轴	1	幅	纸	1984 年	1995 年 3 月王匡捐赠	
728	刘励侠行书鲁迅诗词选轴	1	幅	纸	1982 年	1995 年 3 月王匡捐赠	
729	王伟平行书毛主席词句轴	1	幅	纸	1976 年	1995 年 3 月王匡捐赠	
730	王伟平行书刘禹锡诗轴	1	幅	纸	中华人民共和国	1995 年 3 月王匡捐赠	
731	赖少其隶书周恩来诗轴	1	幅	纸	1980 年	1995 年 3 月王匡捐赠	
732	关山月草书清赵翼诗《论诗》轴	1	幅	纸	中华人民共和国	1995 年 3 月王匡捐赠	
733	关山月草书陈树人诗轴	1	幅	纸	中华人民共和国	1995 年 3 月王匡捐赠	
734	戴琳篆书李白诗《静夜思》轴	1	幅	纸	中华人民共和国	1995 年 3 月王匡捐赠	
735	秦咢生行书叶帅诗轴	1	幅	纸	1977 年	1995 年 3 月王匡捐赠	
736	秦咢生行书刘禹锡《始闻秋风》轴	1	幅	纸	1977 年	1995 年 3 月王匡捐赠	
737	黄笃维楷书七言联	1	对	纸	中华人民共和国	1997 年黄笃维赠送	
738	黄笃维草书六言联	1	对	纸	中华人民共和国	1997 年 3 月黄笃维赠送	
739	黄笃维篆书五言联	1	对	纸	中华人民共和国	1997 年 月黄笃维赠送	
740	黄笃维行书八言联	1	对	纸	1995 年	1997 年 3 月黄笃维赠送	
741	黄笃维草书五言联	1	对	纸	1995 年	1997 年 3 月黄笃维赠送	
742	黄笃维草书七言联	1	对	纸	1995 年	1997 年 3 月黄笃维赠送	
743	黄笃维草书五言联	1	对	纸	1996 年	1997 年 3 月黄笃维赠送	
744	黄笃维行书五言联	1	对	纸	1994 年	1997 年 3 月黄笃维赠送	
745	黄笃维楷书六言联	1	对	纸	1996 年	1997 年 3 月黄笃维赠送	
746	黄笃维行书五言联	1	对	纸	1995 年	1997 年 3 月黄笃维赠送	
747	黄笃维草书七言联	1	对	纸	1995 年	1997 年 3 月黄笃维赠送	
748	黄笃维草书五言联	1	对	纸	1994 年	1997 年 3 月黄笃维赠送	
749	黄笃维行书"澄怀观道"镜片	1	幅	纸	中华人民共和国	1997 年 3 月黄笃维赠送	
750	黄笃维行书轴	1	幅	纸	中华人民共和国	1997 年 3 月黄笃维赠送	
751	黄笃维隶书王之涣登鹳雀楼轴	1	幅	纸	中华人民共和国	1997 年 3 月黄笃维赠送	
752	黄笃维草书李白诗姜进酒句轴	1	幅	纸	1994 年	1997 年 3 月黄笃维赠送	
753	黄笃维行书王安石句轴	1	幅	纸	中华人民共和国	1997 年 3 月黄笃维赠送	
754	黄笃维行书轴	1	幅	纸	1996 年	1997 年 3 月黄笃维赠送	
755	黄笃维行书王昌龄诗出塞轴	1	幅	纸	1995 年	1997 年 3 月黄笃维赠送	
756	黄笃维行书王安石诗梅花轴	1	幅	纸	1995 年	1997 年 3 月黄笃维赠送	
757	黄笃维隶书轴	1	幅	纸	中华人民共和国	1997 年 3 月黄笃维赠送	
758	黄笃维草书王昌龄诗塞上曲轴	1	幅	纸	1995 年	1997 年 3 月黄笃维赠送	

759	黄笃维草书李白诗轴	1	幅	纸	1996 年	1997 年 3 月黄笃维赠送	
760	黄笃维草书苏轼惠崇春江晚景轴	1	幅	纸	1995 年	1997 年 3 月黄笃维赠送	
761	黄笃维草书张九龄望月怀远轴	1	幅	纸	1993 年	1997 年 3 月黄笃维赠送	
762	黄笃维草书沧海镜片	1	幅	纸	中华人民共和国	1997 年 3 月黄笃维赠送	
763	黄笃维草书舞镜片	1	幅	纸	中华人民共和国	1997 年 3 月黄笃维赠送	
764	黄笃维行书刘邦大风歌镜片	1	幅	纸	中华人民共和国	1997 年 3 月黄笃维赠送	
765	黄笃维行书周恩来诗镜片	1	幅	纸	1996 年	1997 年 3 月黄笃维赠送	
766	黄笃维隶书柳宗元诗镜片	1	幅	纸	1994 年	1997 年 3 月黄笃维赠送	
767	黄笃维行书张继枫桥夜泊轴	1	幅	纸	中华人民共和国	1997 年 3 月黄笃维赠送	
768	黄笃维行书杜少陵诗镜片	1	幅	纸	1994 年	1997 年 3 月黄笃维赠送	
769	黄笃维行书杜牧诗江南春镜片	1	幅	纸	1994 年	1997 年 3 月黄笃维赠送	
770	黄笃维行书王维诗相思镜片	1	幅	纸	1995 年	1997 年 3 月黄笃维赠送	
771	黄笃维草书李白寻雍尊师隐居镜片	1	幅	纸	1996 年	1997 年 3 月黄笃维赠送	
772	黄笃维草书刘禹锡陋室铭镜片	1	幅	纸	1992 年	1997 年 3 月黄笃维赠送	
773	黄笃维草书王昌龄句镜片	1	幅	纸	1995 年	1997 年 3 月黄笃维赠送	
774	黄笃维草书陈子昂登幽州台句镜片	1	幅	纸	中华人民共和国	1997 年 3 月黄笃维赠送	
775	黄笃维草书岳飞满江红镜片	1	幅	纸	1996 年	1997 年 3 月黄笃维赠送	
776	黄笃维隶书杜甫诗镜片	1	幅	纸	中华人民共和国	1997 年 3 月黄笃维赠送	
777	佚名楷书奏折	1	件	纸	清	无名氏捐赠捐赠	原陈伯陶家藏
778	佚名楷书奏折	1	本	纸	清道光	无名氏捐赠	
779	佚名楷书奏折	1	本	纸	清道光	无名氏捐赠	
780	张家玉画像史料册页	7	页	纸	清	无名氏捐赠	
781	张家玉执笏官服立画像	1	幅	纸	清初	张家玉后人捐赠	
782	张家玉官服坐画像	1	幅	纸	清初	张家玉后人捐赠	
783	张家玉之父张兆龙官服坐画像	1	幅	纸	清初	张家玉后人捐赠	
784	容庚金文轴	1	幅	纸	中华人民共和国	容庚捐赠	
785	李汛萍"万里长城图"	50	幅	纸	中华人民共和国	1993 年李汛萍捐赠	
786	李凤公设色花卉纹扇面	1	幅	纸	中华人民共和国	台湾商人捐赠	
787	拓杨翰草书拓片四屏	4	幅	纸	中华民国	2001 年 9 月邓衍成赠	
788	拓郭沫若草书拓片轴	1	幅	纸	1968	2001 年 9 月邓衍成赠	
789	拓郭沫若草书拓片轴	1	幅	纸	1968	2001 年 9 月邓衍成赠	
790	拓郭沫若草书拓片轴	1	幅	纸	1968	2001 年 9 月邓衍成赠	
791	拓郭沫若草书西江月词拓片轴	1	幅	纸	1968	2001 年 9 月邓衍成赠	
792	拓郭沫若草书西江月词拓片轴	1	幅	纸	1968	2001 年 9 月邓衍成赠	
793	拓郭沫若草书西江月词拓片轴	1	幅	纸	1968	2001 年 9 月邓衍成赠	
794	拓李秉绶兰竹图拓片四屏	4	幅	纸	中华民国	2001 年 9 月邓衍成赠	
795	拓李秉绶兰竹图拓片四屏	2	幅	纸	中华民国	2001 年 9 月邓衍成赠	
796	拓忠烈祠碑记拓片轴	1	幅	纸	中华民国	无名氏捐赠	
797	拓唐褚遂良书三藏圣教序拓片册页	1	册	纸	明	无名氏捐赠	

798	拓九成宫醴泉铭拓片册页	1	册	纸	明	无名氏捐赠	
799	拓唐怀仁集王羲之书圣教序拓片册页	1	册	纸	清	无名氏捐赠	
800	仿古玉素身手镯	1	件	玉	清	无名氏捐赠	
801	仿古玉浅浮雕勾云发束	1	件	玉	明	无名氏捐赠	
802	仿古玉麒麟吐书扳指	1	件	玉	清	无名氏捐赠	
803	仿古玉竹节纹扳指	1	件	玉	清	无名氏捐赠	
804	仿古玉麒麟灵芝纹扳指	1	件	玉	清	无名氏捐赠	
805	青玉素身扳指	1	件	玉	清	无名氏捐赠	
806	仿古玉圆雕瑞兽摆件	1	件	玉	明	无名氏捐赠	
807	竹雕竹林七贤图香筒	1	件	竹	清中期	无名氏捐赠	
808	象牙雕人物风景钉件	1	件	象牙	清	无名氏捐赠	
809	杉木雕仲尼式琴	1	件	木	清道光	无名氏捐赠	
810	昌化石素身方形朱文印	1	方	石	中华民国	无名氏捐赠	
811	昌化石素身长方形白文印	1	方	石	清	无名氏捐赠	
812	寿山石雕凤钮方形朱文印	1	方	石	清	无名氏捐赠	
813	绢本佚名楷书"孟子"夹带	4	幅	绢	清乾隆	永庆叶伯福捐赠	
814	石刻张家玉草书"怀内"诗扇面帖板	1	件	石	清道光	张氏宗祠捐赠	
815	广绣花鸟纹帘	1	件	绫	清道光－光绪	莞城头街居民麦宝贤捐赠	
816	蓝纱排金绣龙纹莽袍	1	件	纱	清同治	莞城头街居民麦宝贤捐赠	
817	排金绣海水云龙纹裙	1	件	纱	清同治	莞城头街居民麦宝贤捐赠	
818	卢子枢古书画展览会出品录	1	本	纸	1926	2014 年 11 月卢汝圻捐赠	
819	卢子枢不蠹斋杂抄	1	本	纸	1927	2014 年 11 月卢汝圻捐赠	
820	卢子枢广州所见书画录	1	本	纸	1939	2014 年 11 月卢汝圻捐赠	
821	卢子枢书画所见录	1	本	纸	1934	2014 年 11 月卢汝圻捐赠	
822	卢子枢书画所见录	1	本	纸	1935	2014 年 11 月卢汝圻捐赠	
823	卢子枢不蠹斋笔记	1	本	纸	1937	2014 年 11 月卢汝圻捐赠	
824	卢子枢不蠹斋杂抄	1	本	纸	1962	2014 年 11 月卢汝圻捐赠	
825	卢子枢杂记	1	本	纸	1943	2014 年 11 月卢汝圻捐赠	
826	卢子枢杂录	1	本	纸	1941	2014 年 11 月卢汝圻捐赠	
827	卢子枢杂抄	1	本	纸	1944	2014 年 11 月卢汝圻捐赠	
828	卢子枢不蠹斋杂录	1	本	纸	1954	2014 年 11 月卢汝圻捐赠	
829	卢子枢书画所见录	1	本	纸	1943	2014 年 11 月卢汝圻捐赠	
830	卢子枢记事	1	本	纸	1944	2014 年 11 月卢汝圻捐赠	
831	卢子枢不蠹斋杂录	1	本	纸	1943	2014 年 11 月卢汝圻捐赠	
832	卢子枢书画瓷器所见录	1	本	纸	1944	2014 年 11 月卢汝圻捐赠	
833	卢子枢所得书画古器物录	1	本	纸	1945	2014 年 11 月卢汝圻捐赠	
834	卢子枢书画所见录	1	本	纸	1945	2014 年 11 月卢汝圻捐赠	
835	卢子枢书画题跋杂录	1	本	纸	1949	2014 年 11 月卢汝圻捐赠	
836	卢子枢不蠹斋杂录	1	本	纸	1953	2014 年 11 月卢汝圻捐赠	
837	卢子枢不蠹斋杂录及宋诗集联	1	本	纸	1950	2014 年 11 月卢汝圻捐赠	
838	卢子枢不蠹斋杂录	1	本	纸	1945	2014 年 11 月卢汝圻捐赠	
839	卢子枢书画所见录	1	本	纸	1952	2014 年 11 月卢汝圻捐赠	
840	卢子枢书画所见录	1	本	纸	1955	2014 年 11 月卢汝圻捐赠	
841	卢子枢书画杂记	1	本	纸	1963	2014 年 11 月卢汝圻捐赠	
842	卢子枢书画杂抄	1	本	纸	1961	2014 年 11 月卢汝圻捐赠	

843	卢子枢不蠹斋杂记	1	本	纸	1960	2014 年 11 月卢汝圻捐赠	
844	卢子枢不蠹斋书画杂记	1	本	纸	1973	2014 年 11 月卢汝圻捐赠	
845	卢子枢五十万卷楼藏经籍书目略录	1	本	纸	1933	2014 年 11 月卢汝圻捐赠	
846	卢子枢鬐龄尘梦图册题记	1	本	纸	1944	2014 年 11 月卢汝圻捐赠	
847	卢子枢莫咏斋来札录存	1	本	纸	1949	2014 年 11 月卢汝圻捐赠	
848	卢子枢中国美术史	1	本	纸	中华民国	2014 年 11 月卢汝圻捐赠	
849	卢子枢李宗颢罗浮小记	1	本	纸	1960	2014 年 11 月卢汝圻捐赠	
850	卢子枢书法杂说	1	本	纸	1947	2014 年 11 月卢汝圻捐赠	
851	卢子枢手札汇录	1	本	纸	1948	2014 年 11 月卢汝圻捐赠	
852	卢子枢吴郡二科志	1	本	纸	1950	2014 年 11 月卢汝圻捐赠	
853	卢子枢贞松老人外集	1	本	纸	1951	2014 年 11 月卢汝圻捐赠	
854	卢子枢明经二樵黎君行状	1	本	纸	1951	2014 年 11 月卢汝圻捐赠	
855	卢子枢听松卢师友手札册	1	本	纸	1952	2014 年 11 月卢汝圻捐赠	
856	卢子枢广东藏书纪事诗	1	本	纸	1953	2014 年 11 月卢汝圻捐赠	
857	卢子枢常惺惺斋书画题跋游罗浮日记	1	本	纸	1954	2014 年 11 月卢汝圻捐赠	
858	卢子枢屏卢丛刻摘抄书法偶集一卷	1	本	纸	1943	2014 年 11 月卢汝圻捐赠	
859	卢子枢萨天赐杂诗选抄本	1	本	纸	中华民国	2014 年 11 月卢汝圻捐赠	
860	卢子枢燕喜词	1	本	纸	1954	2014 年 11 月卢汝圻捐赠	
861	卢子枢雍正董修钦州志映本摘抄	1	本	纸	中华民国	2014 年 11 月卢汝圻捐赠	
862	卢子枢写生稿	5	张	纸	中华民国	2014 年 11 月卢汝圻捐赠	
863	卢子枢工作笔记	8	张	纸	1970	2014 年 11 月卢汝圻捐赠	
864	卢子枢写生稿	2	张	纸	中华民国	2014 年 11 月卢汝圻捐赠	
865	卢子枢工作笔记	1	张	纸	中华民国	2014 年 11 月卢汝圻捐赠	
866	卢子枢写生稿	5	张	纸	1950	2014 年 11 月卢汝圻捐赠	
867	卢子枢琳莫菴图	1	张	纸	中华民国	2014 年 11 月卢汝圻捐赠	
868	卢子枢古代名画家速记	1	册	纸	1968	2014 年 11 月卢汝圻捐赠	
869	卢子枢随身小本速记	1	本	纸	1960	2014 年 11 月卢汝圻捐赠	
870	卢子枢速写本	1	本	纸	1935	2014 年 11 月卢汝圻捐赠	
871	卢子枢参观博物馆后随笔记录	1	本	纸	1961	2014 年 11 月卢汝圻捐赠	
872	卢子枢清远速写记游	1	册	纸	中华民国	2014 年 11 月卢汝圻捐赠	
873	卢子枢清远速写记游	1	册	纸	中华民国	2014 年 11 月卢汝圻捐赠	
874	卢子枢速写本	1	册	纸	1927	2014 年 11 月卢汝圻捐赠	
875	卢子枢参加苏联展览中国古代艺术品目录	1	册	纸	1950	2014 年 11 月卢汝圻捐赠	
876	卢子枢镇海楼层楼写生稿	1	册	纸	中华民国	2014 年 11 月卢汝圻捐赠	
877	卢子枢工作笔记	3	张	纸	1929	2014 年 11 月卢汝圻捐赠	
878	卢子枢写生稿	5	张	纸	1927	2014 年 11 月卢汝圻捐赠	
879	卢子枢写生稿	4	张	纸	1932	2014 年 11 月卢汝圻捐赠	
880	卢子枢写生稿	3	张	纸	中华民国	2014 年 11 月卢汝圻捐赠	
881	卢子枢写生稿扇面	2	张	纸	1929	2014 年 11 月卢汝圻捐赠	
882	卢子枢写生稿	2	张	纸	1925	2014 年 11 月卢汝圻捐赠	
883	卢子枢写生稿	2	张	纸	中华民国	2014 年 11 月卢汝圻捐赠	
884	卢子枢线描稿	2	张	纸	中华民国	2014 年 11 月卢汝圻捐赠	
885	卢子枢写生稿	1	张	纸	中华民国	2014 年 11 月卢汝圻捐赠	
886	卢子枢线描稿	1	张	纸	中华民国	2014 年 11 月卢汝圻捐赠	
887	卢子枢线描稿	2	张	纸	中华民国	2014 年 11 月卢汝圻捐赠	

888	卢子枢写生稿	2	张	纸	中华民国	2014 年 11 月卢汝圻捐赠	
889	卢子枢写生稿	3	张	纸	中华民国	2014 年 11 月卢汝圻捐赠	
890	卢子枢写生稿	1	张	纸	中华民国	2014 年 11 月卢汝圻捐赠	
891	卢子枢山水写生稿	2	张	纸	1961	2014 年 11 月卢汝圻捐赠	
892	卢子枢写生稿	3	张	纸	中华民国	2014 年 11 月卢汝圻捐赠	
893	卢子枢写生稿	2	张	纸	中华民国	2014 年 11 月卢汝圻捐赠	
894	卢子枢人物写生稿	1	张	纸	中华民国	2014 年 11 月卢汝圻捐赠	
895	卢子枢山水写生稿	1	张	纸	中华民国	2014 年 11 月卢汝圻捐赠	
896	卢子枢写生稿	1	张	纸	中华民国	2014 年 11 月卢汝圻捐赠	
897	卢子枢远望白玉洞写生稿	1	张	纸	中华民国	2014 年 11 月卢汝圻捐赠	
898	卢子枢写生稿	1	张	纸	中华民国	2014 年 11 月卢汝圻捐赠	
899	卢子枢写生稿	1	张	纸	中华民国	2014 年 11 月卢汝圻捐赠	
900	卢子枢写生稿	1	张	纸	中华民国	2014 年 11 月卢汝圻捐赠	
901	卢子枢写生稿	1	张	纸	中华民国	2014 年 11 月卢汝圻捐赠	
902	卢子枢写生稿	1	张	纸	中华民国	2014 年 11 月卢汝圻捐赠	
903	卢子枢写生稿	1	张	纸	中华民国	2014 年 11 月卢汝圻捐赠	
904	卢子枢工作笔记	1	张	纸	中华民国	2014 年 11 月卢汝圻捐赠	
905	卢子枢写生稿	5	张	纸	中华民国	2014 年 11 月卢汝圻捐赠	
906	卢子枢写生稿	4	张	纸	中华民国	2014 年 11 月卢汝圻捐赠	
907	卢子枢写生稿	1	张	纸	中华民国	2014 年 11 月卢汝圻捐赠	
908	卢子枢写生稿	2	张	纸	中华民国	2014 年 11 月卢汝圻捐赠	
909	卢子枢工作笔记	1	张	纸	中华民国	2014 年 11 月卢汝圻捐赠	
910	卢子枢人物速写	1	张	纸	中华民国	2014 年 11 月卢汝圻捐赠	
911	卢子枢写生稿	1	张	纸	中华民国	2014 年 11 月卢汝圻捐赠	
912	卢子枢写生稿	1	张	纸	中华民国	2014 年 11 月卢汝圻捐赠	
913	卢子枢画稿	1	张	纸	中华民国	2014 年 11 月卢汝圻捐赠	
914	卢子枢画稿	2	张	纸	中华民国	2014 年 11 月卢汝圻捐赠	
915	卢子枢画稿	1	张	纸	中华民国	2014 年 11 月卢汝圻捐赠	
916	卢子枢画稿	1	张	纸	中华民国	2014 年 11 月卢汝圻捐赠	
917	卢子枢画稿	1	张	纸	中华民国	2014 年 11 月卢汝圻捐赠	
918	卢子枢画稿	1	张	纸	中华民国	2014 年 11 月卢汝圻捐赠	
919	卢子枢画稿	1	张	纸	中华民国	2014 年 11 月卢汝圻捐赠	
920	卢子枢画稿	1	张	纸	中华民国	2014 年 11 月卢汝圻捐赠	
921	卢子枢画稿	1	张	纸	中华民国	2014 年 11 月卢汝圻捐赠	
922	卢子枢古书画展览出品目录	15	张	纸	中华民国	2014 年 11 月卢汝圻捐赠	
923	卢子枢题跋稿	1	张	纸	中华民国	2014 年 11 月卢汝圻捐赠	
924	卢子枢题跋稿	1	张	纸	中华民国	2014 年 11 月卢汝圻捐赠	
925	卢子枢题跋稿	1	张	纸	中华民国	2014 年 11 月卢汝圻捐赠	
926	卢子枢题跋稿	1	张	纸	中华民国	2014 年 11 月卢汝圻捐赠	
927	卢子枢题跋稿	1	张	纸	中华民国	2014 年 11 月卢汝圻捐赠	
928	卢子枢题跋稿	1	张	纸	中华民国	2014 年 11 月卢汝圻捐赠	
929	卢子枢题跋稿	1	张	纸	中华民国	2014 年 11 月卢汝圻捐赠	
930	卢子枢题跋稿	1	张	纸	中华民国	2014 年 11 月卢汝圻捐赠	
931	卢子枢题跋稿	1	张	纸	中华民国	2014 年 11 月卢汝圻捐赠	
932	卢子枢题跋稿	1	张	纸	中华民国	2014 年 11 月卢汝圻捐赠	
933	卢子枢题跋稿	1	张	纸	中华民国	2014 年 11 月卢汝圻捐赠	

934	卢子枢题跋稿	1	张	纸	中华民国	2014 年 11 月卢汝圻捐赠	
935	卢子枢讣告	1	张	纸	中华民国	2014 年 11 月卢汝圻捐赠	
936	卢子枢画稿	1	张	纸	中华民国	2014 年 11 月卢汝圻捐赠	
937	卢子枢画稿	1	张	纸	中华民国	2014 年 11 月卢汝圻捐赠	
938	卢子枢画稿	1	张	纸	中华民国	2014 年 11 月卢汝圻捐赠	
939	卢子枢西湖写生册	1	张	纸	中华民国	2014 年 11 月卢汝圻捐赠	
940	卢子枢西湖写生册	1	册	纸	中华民国	2014 年 11 月卢汝圻捐赠	
941	卢子枢画稿	1	册	纸	中华民国	2014 年 11 月卢汝圻捐赠	
942	卢子枢画稿	2	张	纸	中华民国	2014 年 11 月卢汝圻捐赠	
943	卢子枢西湖写生稿	1	册	纸	中华民国	2014 年 11 月卢汝圻捐赠	
944	卢子枢画稿	1	册	纸	中华民国	2014 年 11 月卢汝圻捐赠	
945	卢子枢画稿	10	张	纸	中华民国	2014 年 11 月卢汝圻捐赠	
946	卢子枢山水画稿	2	张	纸	中华民国	2014 年 11 月卢汝圻捐赠	
947	卢子枢画稿	1	册	纸	中华民国	2014 年 11 月卢汝圻捐赠	
948	卢子枢江浙参观杂记	1	张	纸	中华民国	2014 年 11 月卢汝圻捐赠	
949	卢子枢旅行写生杂稿	1	张	纸	中华民国	2014 年 11 月卢汝圻捐赠	
950	卢子枢平沙旅行写生稿	16	张	纸	中华民国	2014 年 11 月卢汝圻捐赠	
951	卢子枢肇庆七星岩写生稿	1	张	纸	中华民国	2014 年 11 月卢汝圻捐赠	
952	卢子枢阴江写生稿	1	册	纸	中华民国	2014 年 11 月卢汝圻捐赠	
953	卢子枢两阳写生小组碎稿	1	册	纸	中华民国	2014 年 11 月卢汝圻捐赠	
954	卢子枢写生稿	1	册	纸	中华民国	2014 年 11 月卢汝圻捐赠	
955	卢子枢写生稿	1	册	纸	中华民国	2014 年 11 月卢汝圻捐赠	
956	卢子枢写生稿	1	册	纸	中华民国	2014 年 11 月卢汝圻捐赠	
957	卢子枢写生稿	1	册	纸	中华民国	2014 年 11 月卢汝圻捐赠	
958	卢子枢画稿	23	张	纸	中华民国	2014 年 11 月卢汝圻捐赠	
959	卢子枢写生稿	3	张	纸	中华民国	2014 年 11 月卢汝圻捐赠	
960	卢子枢写生稿	1	张	纸	中华民国	2014 年 11 月卢汝圻捐赠	
961	卢子枢画稿	1	张	纸	中华民国	2014 年 11 月卢汝圻捐赠	
962	卢子枢画稿	1	张	纸	中华民国	2014 年 11 月卢汝圻捐赠	
963	卢子枢画稿	2	张	纸	中华民国	2014 年 11 月卢汝圻捐赠	
964	卢子枢画稿	1	张	纸	中华民国	2014 年 11 月卢汝圻捐赠	
965	卢子枢粤西写生稿	1	张	纸	中华民国	2014 年 11 月卢汝圻捐赠	
966	卢子枢粤西写生稿	25	张	纸	中华民国	2014 年 11 月卢汝圻捐赠	
967	卢子枢粤西写生稿	23	张	纸	中华民国	2014 年 11 月卢汝圻捐赠	
968	卢子枢九江沙口写生稿	1	张	纸	中华民国	2014 年 11 月卢汝圻捐赠	
969	卢子枢题跋稿	2	张	纸	中华民国	2014 年 11 月卢汝圻捐赠	
970	卢子枢画稿	1	张	纸	中华民国	2014 年 11 月卢汝圻捐赠	
971	卢子枢临帖稿	1	张	纸	中华民国	2014 年 11 月卢汝圻捐赠	
972	卢子枢临摹张穆戴熙等画稿	1	张	纸	中华民国	2014 年 11 月卢汝圻捐赠	
973	卢子枢画稿	1	张	纸	中华民国	2014 年 11 月卢汝圻捐赠	
974	卢子枢题跋稿	1	张	纸	中华民国	2014 年 11 月卢汝圻捐赠	
975	卢子枢临摹文征明顾殷等人题跋稿	1	张	纸	中华民国	2014 年 11 月卢汝圻捐赠	
976	卢子枢临帖稿	1	张	纸	中华民国	2014 年 11 月卢汝圻捐赠	
977	卢子枢临张穆戴熙等书画题跋稿	1	张	纸	中华民国	2014 年 11 月卢汝圻捐赠	
978	卢子枢双钩书法稿	1	张	纸	中华民国	2014 年 11 月卢汝圻捐赠	
979	卢子枢习书稿	1	张	纸	中华民国	2014 年 11 月卢汝圻捐赠	

980	卢子枢临文征明张宏题跋稿	1	张	纸	中华民国	2014 年 11 月卢汝圻捐赠	
981	卢子枢线描稿	1	张	纸	中华民国	2014 年 11 月卢汝圻捐赠	
982	卢子枢题跋稿	1	张	纸	中华民国	2014 年 11 月卢汝圻捐赠	
983	卢子枢双钩题跋稿	1	张	纸	中华民国	2014 年 11 月卢汝圻捐赠	
984	卢子枢题跋稿	1	张	纸	中华民国	2014 年 11 月卢汝圻捐赠	
985	卢子枢临黎简题跋稿	1	张	纸	中华民国	2014 年 11 月卢汝圻捐赠	
986	卢子枢临王时敏题跋稿	1	张	纸	中华民国	2014 年 11 月卢汝圻捐赠	
987	卢子枢双钩如聚书法稿	1	张	纸	中华民国	2014 年 11 月卢汝圻捐赠	
988	卢子枢临戴熙题跋稿	1	张	纸	中华民国	2014 年 11 月卢汝圻捐赠	
989	卢子枢题跋稿	1	张	纸	中华民国	2014 年 11 月卢汝圻捐赠	
990	卢子枢线描稿	1	张	纸	中华民国	2014 年 11 月卢汝圻捐赠	
991	卢子枢画稿	1	张	纸	中华民国	2014 年 11 月卢汝圻捐赠	
992	卢子枢临磊公画稿	1	张	纸	中华民国	2014 年 11 月卢汝圻捐赠	
993	卢子枢线描题跋稿	1	张	纸	中华民国	2014 年 11 月卢汝圻捐赠	
994	卢子枢题跋稿	1	张	纸	中华民国	2014 年 11 月卢汝圻捐赠	
995	卢子枢临张凤翼居节等题跋稿	1	张	纸	中华民国	2014 年 11 月卢汝圻捐赠	
996	卢子枢临篡文点题跋稿	1	张	纸	中华民国	2014 年 11 月卢汝圻捐赠	
997	卢子枢临新罗山人题跋稿	1	张	纸	中华民国	2014 年 11 月卢汝圻捐赠	
998	卢子枢画稿	1	张	纸	中华民国	2014 年 11 月卢汝圻捐赠	
999	卢子枢画稿	1	张	纸	中华民国	2014 年 11 月卢汝圻捐赠	
1000	卢子枢行书	1	张	纸	中华民国	2014 年 11 月卢汝圻捐赠	
1001	卢子枢行书	1	张	纸	中华民国	2014 年 11 月卢汝圻捐赠	
1002	卢子枢临居廉画稿	1	张	纸	中华民国	2014 年 11 月卢汝圻捐赠	
1003	卢子枢题跋稿	1	张	纸	中华民国	2014 年 11 月卢汝圻捐赠	
1004	卢子枢线描稿	1	张	纸	中华民国	2014 年 11 月卢汝圻捐赠	
1005	卢子枢题跋稿	1	张	纸	中华民国	2014 年 11 月卢汝圻捐赠	
1006	卢子枢题跋稿	1	张	纸	中华民国	2014 年 11 月卢汝圻捐赠	
1007	卢子枢题跋稿	1	张	纸	中华民国	2014 年 11 月卢汝圻捐赠	
1008	卢子枢双钩题跋稿	1	张	纸	中华民国	2014 年 11 月卢汝圻捐赠	
1009	卢子枢行书	1	张	纸	中华民国	2014 年 11 月卢汝圻捐赠	
1010	卢子枢画稿	12	张	纸	中华民国	2014 年 11 月卢汝圻捐赠	
1011	卢子枢西樵写生画稿	1	册	纸	中华民国	2014 年 11 月卢汝圻捐赠	
1012	卢子枢西樵揽胜册画稿	1	册	纸	中华民国	2014 年 11 月卢汝圻捐赠	
1013	卢子枢西樵写生画稿	1	张	纸	中华民国	2014 年 11 月卢汝圻捐赠	
1014	卢子枢西樵写生画稿	1	张	纸	中华民国	2014 年 11 月卢汝圻捐赠	
1015	卢子枢提册尾	1	张	纸	中华民国	2014 年 11 月卢汝圻捐赠	
1016	卢子枢西樵揽胜册目录	1	张	纸	中华民国	2014 年 11 月卢汝圻捐赠	
1017	卢子枢画稿	1	张	纸	中华民国	2014 年 11 月卢汝圻捐赠	
1018	卢子枢画稿	1	张	纸	中华民国	2014 年 11 月卢汝圻捐赠	
1019	卢子枢画稿	3	张	纸	中华民国	2014 年 11 月卢汝圻捐赠	
1020	卢子枢题跋稿	1	张	纸	中华民国	2014 年 11 月卢汝圻捐赠	
1021	卢子枢行书	1	张	纸	中华民国	2014 年 11 月卢汝圻捐赠	
1022	卢子枢西樵揽胜册目录	1	张	纸	中华民国	2014 年 11 月卢汝圻捐赠	
1023	卢子枢题跋稿	1	张	纸	中华民国	2014 年 11 月卢汝圻捐赠	
1024	卢子枢题跋稿	1	张	纸	中华民国	2014 年 11 月卢汝圻捐赠	
1025	卢子枢题跋稿	1	张	纸	中华民国	2014 年 11 月卢汝圻捐赠	

1026	卢子枢题跋稿	1	张	纸	中华民国	2014 年 11 月卢汝圻捐赠	
1027	卢子枢题跋稿	1	张	纸	中华民国	2014 年 11 月卢汝圻捐赠	
1028	卢子枢题跋稿	1	张	纸	中华民国	2014 年 11 月卢汝圻捐赠	
1029	卢子枢题跋稿	1	张	纸	中华民国	2014 年 11 月卢汝圻捐赠	
1030	卢子枢题跋稿	1	张	纸	中华民国	2014 年 11 月卢汝圻捐赠	
1031	卢子枢题跋稿	1	张	纸	中华民国	2014 年 11 月卢汝圻捐赠	
1032	卢子枢题跋稿	1	张	纸	中华民国	2014 年 11 月卢汝圻捐赠	
1033	卢子枢题跋稿	1	张	纸	中华民国	2014 年 11 月卢汝圻捐赠	
1034	卢子枢题跋稿	1	张	纸	中华民国	2014 年 11 月卢汝圻捐赠	
1035	卢子枢题跋稿	1	张	纸	中华民国	2014 年 11 月卢汝圻捐赠	
1036	卢子枢题跋稿	1	张	纸	中华民国	2014 年 11 月卢汝圻捐赠	
1037	卢子枢题跋稿	1	张	纸	中华民国	2014 年 11 月卢汝圻捐赠	
1038	卢子枢信札	1	张	纸	中华民国	2014 年 11 月卢汝圻捐赠	
1039	卢子枢信札	1	张	纸	中华民国	2014 年 11 月卢汝圻捐赠	
1040	邓海祺给卢子枢的信札	1	张	纸	中华民国	2014 年 11 月卢汝圻捐赠	
1041	邓海祺给卢子枢的信札	1	张	纸	中华民国	2014 年 11 月卢汝圻捐赠	
1042	卢子枢提黎二樵仿古山水册	1	张	纸	中华民国	2014 年 11 月卢汝圻捐赠	
1043	卢子枢信札	1	张	纸	中华民国	2014 年 11 月卢汝圻捐赠	
1044	卢子枢手抄杨知新述唐虞州	1	张	纸	中华民国	2014 年 11 月卢汝圻捐赠	
1045	云都县福田李三门记	1	张	纸	中华民国	2014 年 11 月卢汝圻捐赠	
1046	卢子枢手抄翁方纲复初高文集	1	张	纸	中华民国	2014 年 11 月卢汝圻捐赠	
1047	卢子枢西樵揽胜册目录	1	张	纸	中华民国	2014 年 11 月卢汝圻捐赠	
1048	卢子枢手札抄松风余韵卷三	1	张	纸	中华民国	2014 年 11 月卢汝圻捐赠	
1049	卢子枢摘录庚辰丙申游记稿	1	张	纸	中华民国	2014 年 11 月卢汝圻捐赠	
1050	卢子枢唐碧落碑跋尾	1	张	纸	中华民国	2014 年 11 月卢汝圻捐赠	
1051	卢子枢手抄诗稿四首合集	1	张	纸	中华民国	2014 年 11 月卢汝圻捐赠	
1052	卢子枢校碑稿	1	张	纸	中华民国	2014 年 11 月卢汝圻捐赠	
1053	卢子枢兰亭遗址碑画稿	1	张	纸	中华民国	2014 年 11 月卢汝圻捐赠	
1054	卢子枢铁矿工地画稿	1	张	纸	中华民国	2014 年 11 月卢汝圻捐赠	
1055	卢子枢画稿	1	张	纸	中华民国	2014 年 11 月卢汝圻捐赠	
1056	卢子枢水墨花鸟画册	1	张	纸	中华民国	2014 年 11 月卢汝圻捐赠	
1057	卢子枢水墨兰石图	1	张	纸	中华民国	2014 年 11 月卢汝圻捐赠	
1058	卢子枢金文厚子壶铭文	1	张	纸	中华民国	2014 年 11 月卢汝圻捐赠	
1059	卢子枢设色山水图	1	张	纸	中华民国	2014 年 11 月卢汝圻捐赠	
1060	卢子枢篆书白居易忆江南词三首	1	张	纸	中华民国	2014 年 11 月卢汝圻捐赠	
1061	卢子枢溪山春色画稿	1	张	纸	中华民国	2014 年 11 月卢汝圻捐赠	
1062	卢子枢越秀风光画稿	1	张	纸	中华民国	2014 年 11 月卢汝圻捐赠	
1063	卢子枢画稿	1	张	纸	中华民国	2014 年 11 月卢汝圻捐赠	
1064	卢子枢画稿	1	张	纸	中华民国	2014 年 11 月卢汝圻捐赠	
1065	卢子枢羊城八景之一画稿	1	张	纸	中华民国	2014 年 11 月卢汝圻捐赠	
1066	卢子枢白云松涛画稿	1	张	纸	中华民国	2014 年 11 月卢汝圻捐赠	
1067	卢子枢画稿	2	张	纸	中华民国	2014 年 11 月卢汝圻捐赠	
1068	卢子枢画稿	1	张	纸	中华民国	2014 年 11 月卢汝圻捐赠	
1069	卢子枢画稿	1	张	纸	中华民国	2014 年 11 月卢汝圻捐赠	
1070	卢子枢松林风瀑画稿	1	张	纸	中华民国	2014 年 11 月卢汝圻捐赠	
1071	卢子枢画稿	1	张	纸	中华民国	2014 年 11 月卢汝圻捐赠	

1072	卢子枢画稿	1	张	纸	中华民国	2014 年 11 月卢汝圻捐赠	
1073	卢子枢罗岗洞画稿	1	张	纸	中华民国	2014 年 11 月卢汝圻捐赠	
1074	卢子枢秋山觅句图画稿	1	张	纸	中华民国	2014 年 11 月卢汝圻捐赠	
1075	卢子枢画稿	1	张	纸	中华民国	2014 年 11 月卢汝圻捐赠	
1076	卢子枢羊城八景画稿	8	张	纸	中华民国	2014 年 11 月卢汝圻捐赠	
1077	卢子枢画稿	1	张	纸	中华民国	2014 年 11 月卢汝圻捐赠	
1078	卢子枢罗峰寺写生稿	48	张	纸	中华民国	2014 年 11 月卢汝圻捐赠	
1079	卢子枢第二洞天写生稿	7	张	纸	中华民国	2014 年 11 月卢汝圻捐赠	
1080	卢子枢鹰湖湖景写画稿	8	张	纸	中华民国	2014 年 11 月卢汝圻捐赠	
1081	卢子枢飞流千尺画稿	2	张	纸	中华民国	2014 年 11 月卢汝圻捐赠	
1082	卢子枢峭壁天开画稿	1	张	纸	中华民国	2014 年 11 月卢汝圻捐赠	
1083	卢子枢枕流亭一角画稿	1	张	纸	中华民国	2014 年 11 月卢汝圻捐赠	
1084	卢子枢阳江畔木桥写生稿	2	张	纸	中华民国	2014 年 11 月卢汝圻捐赠	
1085	卢子枢写生画稿	1	张	纸	中华民国	2014 年 11 月卢汝圻捐赠	
1086	卢子枢平沙农场写生稿	1	张	纸	中华民国	2014 年 11 月卢汝圻捐赠	
1087	卢子枢阳春钢厂写生稿	2	张	纸	中华民国	2014 年 11 月卢汝圻捐赠	
1088	卢子枢湖心亭写生稿	1	张	纸	中华民国	2014 年 11 月卢汝圻捐赠	
1089	卢子枢罗岗洞写生稿	1	张	纸	中华民国	2014 年 11 月卢汝圻捐赠	
1090	卢子枢阳春崆峒写生稿	12	张	纸	中华民国	2014 年 11 月卢汝圻捐赠	
1091	卢子枢阳春潭寮写生稿	32	张	纸	中华民国	2014 年 11 月卢汝圻捐赠	
1092	卢子枢圭冈写生稿	1	张	纸	中华民国	2014 年 11 月卢汝圻捐赠	
1093	卢子枢金液池写生稿	1	张	纸	中华民国	2014 年 11 月卢汝圻捐赠	
1094	卢子枢平沙沙屋晒谷场交公粮写生稿	1	张	纸	中华民国	2014 年 11 月卢汝圻捐赠	
1095	卢子枢平沙小瀑布写生稿	1	张	纸	中华民国	2014 年 11 月卢汝圻捐赠	
1096	卢子枢远望招待所写生稿	1	张	纸	中华民国	2014 年 11 月卢汝圻捐赠	
1097	卢子枢招待所旁菠萝丰收写生稿	2	张	纸	中华民国	2014 年 11 月卢汝圻捐赠	
1098	卢子枢沙美晒谷场写生稿	1	张	纸	中华民国	2014 年 11 月卢汝圻捐赠	
1099	卢子枢粤西写生稿	1	张	纸	中华民国	2014 年 11 月卢汝圻捐赠	
1100	卢子枢平沙写生稿	1	张	纸	中华民国	2014 年 11 月卢汝圻捐赠	
1101	卢子枢沙尾晒谷场写生稿	1	张	纸	中华民国	2014 年 11 月卢汝圻捐赠	
1102	卢子枢远望圭冈远景写生图	1	张	纸	中华民国	2014 年 11 月卢汝圻捐赠	
1103	卢子枢圭冈写生图	1	张	纸	中华民国	2014 年 11 月卢汝圻捐赠	
1104	卢子枢阳春矿山区写生图	1	张	纸	中华民国	2014 年 11 月卢汝圻捐赠	
1105	卢子枢应潮湖写生稿	3	张	纸	中华民国	2014 年 11 月卢汝圻捐赠	
1106	卢子枢画稿	2	张	纸	中华民国	2014 年 11 月卢汝圻捐赠	
1107	卢子枢两阳下乡小组写生素材稿目录	2	张	纸	中华民国	2014 年 11 月卢汝圻捐赠	
1108	卢子枢江浙写生稿	1	张	纸	中华民国	2014 年 11 月卢汝圻捐赠	
1109	卢子枢禹王庙正面写生稿	1	张	纸	中华民国	2014 年 11 月卢汝圻捐赠	
1110	卢子枢三潭印月写生稿	1	张	纸	中华民国	2014 年 11 月卢汝圻捐赠	
1111	卢子枢兰亭前支桥写生稿	4	张	纸	中华民国	2014 年 11 月卢汝圻捐赠	
1112	卢子枢杭州保俶塔写生稿	1	张	纸	中华民国	2014 年 11 月卢汝圻捐赠	
1113	卢子枢兰亭图写生稿	1	张	纸	中华民国	2014 年 11 月卢汝圻捐赠	
1114	卢子枢子陵先生钓台写生稿	1	张	纸	中华民国	2014 年 11 月卢汝圻捐赠	
1115	卢子枢富春山望远山写生稿	1	张	纸	中华民国	2014 年 11 月卢汝圻捐赠	
1116	卢子枢墓园写生稿	1	张	纸	中华民国	2014 年 11 月卢汝圻捐赠	
1117	卢子枢兰亭旧址图画稿	1	张	纸	中华民国	2014 年 11 月卢汝圻捐赠	

1118	卢子枢兰亭画稿写生稿	1	张	纸	中华民国	2014 年 11 月卢汝圻捐赠	
1119	卢子枢画稿	6	张	纸	中华民国	2014 年 11 月卢汝圻捐赠	
1120	卢子枢兰亭遗址写生稿	1	张	纸	中华民国	2014 年 11 月卢汝圻捐赠	
1121	卢子枢富春江图画稿	3	张	纸	中华民国	2014 年 11 月卢汝圻捐赠	
1122	卢子枢画稿	8	张	纸	中华民国	2014 年 11 月卢汝圻捐赠	
1123	卢子枢狮子林一角写生稿	1	幅	纸	中华民国	2014 年 11 月卢汝圻捐赠	
1124	卢子枢宝石山上望西湖全景写生稿	1	幅	纸	中华民国	2014 年 11 月卢汝圻捐赠	
1125	卢子枢红栏红商写生稿	1	幅	纸	中华民国	2014 年 11 月卢汝圻捐赠	
1126	卢子枢虎邱剑池画稿轴	1	幅	纸	中华民国	2014 年 11 月卢汝圻捐赠	
1127	卢子枢工作笔记	1	幅	纸	中华民国	2014 年 11 月卢汝圻捐赠	
1128	卢子枢沧浪亭一角写生稿	1	张	纸	中华民国	2014 年 11 月卢汝圻捐赠	
1129	卢子枢鲁迅百草园一角写生稿	1	张	纸	中华民国	2014 年 11 月卢汝圻捐赠	
1130	卢子枢富阳一角写生稿	1	张	纸	中华民国	2014 年 11 月卢汝圻捐赠	
1131	卢子枢写生笔记	1	张	纸	中华民国	2014 年 11 月卢汝圻捐赠	
1132	卢子枢包傲塔上石亭写生稿	1	张	纸	中华民国	2014 年 11 月卢汝圻捐赠	
1133	卢子枢沧浪亭一角写生稿	1	张	纸	中华民国	2014 年 11 月卢汝圻捐赠	
1134	卢子枢淡青石塔写生稿	1	张	纸	中华民国	2014 年 11 月卢汝圻捐赠	
1135	卢子枢写生稿	1	张	纸	中华民国	2014 年 11 月卢汝圻捐赠	
1136	卢子枢西泠印社写生稿	1	张	纸	中华民国	2014 年 11 月卢汝圻捐赠	
1137	卢子枢扇子亭狮子林廊壁石刻碑	1	张	纸	中华民国	2014 年 11 月卢汝圻捐赠	
1138	卢子枢帆船线描稿	1	张	纸	中华民国	2014 年 11 月卢汝圻捐赠	
1139	卢子枢拙政园一角写生稿	6	张	纸	中华民国	2014 年 11 月卢汝圻捐赠	
1140	卢子枢狮子林石船写生稿	1	张	纸	中华民国	2014 年 11 月卢汝圻捐赠	
1141	卢子枢纲师园中心水池写生稿	1	张	纸	中华民国	2014 年 11 月卢汝圻捐赠	
1142	卢子枢富阳春江第一楼写生稿	2	张	纸	中华民国	2014 年 11 月卢汝圻捐赠	
1143	卢子枢苏州写生稿	6	张	纸	中华民国	2014 年 11 月卢汝圻捐赠	
1144	卢子枢圭冈写生稿	4	张	纸	中华民国	2014 年 11 月卢汝圻捐赠	
1145	卢子枢写生稿	3	张	纸	中华民国	2014 年 11 月卢汝圻捐赠	
1146	卢子枢应潮湖写生稿	1	张	纸	中华民国	2014 年 11 月卢汝圻捐赠	
1147	卢子枢圭冈写生稿	2	张	纸	中华民国	2014 年 11 月卢汝圻捐赠	
1148	卢子枢三潭印月之桥亭写生稿	1	张	纸	中华民国	2014 年 11 月卢汝圻捐赠	
1149	卢子枢红泥壁写生稿	1	张	纸	中华民国	2014 年 11 月卢汝圻捐赠	
1150	卢子枢崆峒岩中之狮子岩口写生稿	1	张	纸	中华民国	2014 年 11 月卢汝圻捐赠	
1151	卢子枢严子陵先生垂钓处写生稿	3	张	纸	中华民国	2014 年 11 月卢汝圻捐赠	
1152	卢子枢富春江小景画稿	1	张	纸	中华民国	2014 年 11 月卢汝圻捐赠	
1153	卢子枢阳春钢的松树画稿	1	张	纸	中华民国	2014 年 11 月卢汝圻捐赠	
1154	卢子枢西泠印社画稿	2	张	纸	中华民国	2014 年 11 月卢汝圻捐赠	
1155	卢子枢苏州晨露写生稿	1	张	纸	中华民国	2014 年 11 月卢汝圻捐赠	
1156	卢子枢钱塘观潮写生稿	4	张	纸	中华民国	2014 年 11 月卢汝圻捐赠	
1157	卢子枢富春江写生稿	1	张	纸	中华民国	2014 年 11 月卢汝圻捐赠	
1158	卢子枢西湖写生稿	1	张	纸	中华民国	2014 年 11 月卢汝圻捐赠	
1159	卢子枢柳浪闻莺写生稿	1	张	纸	中华民国	2014 年 11 月卢汝圻捐赠	
1160	卢子枢越王小一角写生稿	1	张	纸	中华民国	2014 年 11 月卢汝圻捐赠	
1161	卢子枢苏州房屋写生稿	1	张	纸	中华民国	2014 年 11 月卢汝圻捐赠	
1162	卢子枢画稿	2	张	纸	中华民国	2014 年 11 月卢汝圻捐赠	
1163	卢子枢水墨山水人物轴	1	幅	纸	中华民国	2014 年 11 月卢汝圻捐赠	

1164	卢子枢水墨山水横轴	1	幅	纸	中华民国	2014 年 11 月卢汝圻捐赠	
1165	卢子枢泮溪修禊图	1	幅	纸	中华民国	2014 年 11 月卢汝圻捐赠	
1166	卢子枢水墨山水人物轴	1	幅	纸	中华民国	2014 年 11 月卢汝圻捐赠	
1167	卢子枢水墨山水轴	1	幅	纸	中华民国	2014 年 11 月卢汝圻捐赠	
1168	卢子枢手抄程序伯题画诗七首镜片	1	幅	纸	中华民国	2014 年 11 月卢汝圻捐赠	
1169	卢子枢题画稿镜片	1	幅	纸	中华民国	2014 年 11 月卢汝圻捐赠	
1170	卢子枢手抄袁良	1	幅	纸	中华民国	2014 年 11 月卢汝圻捐赠	
1171	卢子枢目录稿	1	张	纸	中华民国	2014 年 11 月卢汝圻捐赠	
1172	郑若琳致卢炜圻信札	1	张	纸	中华民国	2014 年 11 月卢汝圻捐赠	
1173	卢子枢手抄将保龄墨林令活镜片	1	张	纸	中华民国	2014 年 11 月卢汝圻捐赠	
1174	卢子枢春雨亭图画稿镜片	1	张	纸	中华民国	2014 年 11 月卢汝圻捐赠	
1175	卢子枢梅蓥车站前写生稿	2	张	纸	中华民国	2014 年 11 月卢汝圻捐赠	
1176	张爱萍"不求见谅于人，但求无愧于心"行书轴	1	张	纸	1992 年	2015 年 5 月 21 日黄发同志捐赠	
1177	杨成武"奋进"行书轴	1	张	纸	壬申年	2015 年 5 月 21 日黄发同志捐赠	
1178	余秋里行书镜片	1	张	纸	1992 年	2015 年 5 月 21 日黄发同志捐赠	
1179	黎雄才行书"重过圣女祠"镜片	1	张	纸	中华人民共和国	2015 年 5 月 21 日黄发同志捐赠	
1180	黎雄才草书对联	2	张	纸	中华人民共和国	2015 年 5 月 21 日黄发同志捐赠	
1181	程思远行书"宁静致远"画心	1	张	纸	己卯年	2015 年 5 月 21 日黄发同志捐赠	
1182	林若行书"知足常乐"画心	1	张	纸	癸未年	2015 年 5 月 21 日黄发同志捐赠	
1183	吕伯涛行书画心	1	张	纸	丁亥年	2015 年 5 月 21 日黄发同志捐赠	
1184	李广祥草书陆游词"卜算子"画心	1	张	纸	甲戌年	2015 年 5 月 21 日黄发同志捐赠	
1185	李瑞环草书杜牧诗"江南春"画心	1	张	纸	乙丑年	2015 年 5 月 21 日黄发同志捐赠	
1186	华国锋草书"清流"画心	1	张	纸	乙亥年	2015 年 5 月 21 日黄发同志捐赠	
1187	康世恩行书"柳暗花明又一村"画心	1	张	纸	1993 年	2015 年 5 月 21 日黄发同志捐赠	
1188	廖汉生行书"云淡风清"画心	1	张	纸	1993 年	2015 年 5 月 21 日黄发同志捐赠	
1189	寇庆延行书"拼搏"画心	1	张	纸	乙丑年	2015 年 5 月 21 日黄发同志捐赠	
1190	李真草书周总理诗画心	1	张	纸	1985 年	2015 年 5 月 21 日黄发同志捐赠	
1191	固辉草书"虎"画心	1	张	纸	中华人民共和国	2015 年 5 月 21 日黄发同志捐赠	
1192	李希林楷书镜片	1	张	纸	中华人民共和国	2015 年 5 月 21 日黄发同志捐赠	
1193	姬鹏飞草书"壮志凌云"画心	1	张	纸	1989 年	2015 年 5 月 21 日黄发同志捐赠	
1194	迟浩田行书"为善最乐"画心	1	张	纸	2005 年	2015 年 5 月 21 日黄发同志捐赠	
1195	方苞行书"甘为孺子牛"画心	1	张	纸	1999 年	2015 年 5 月 21 日黄发同志捐赠	
1196	宋志英行书"淡泊明志，宁静致远"画心	1	张	纸	2004 年	2015 年 5 月 21 日黄发同志捐赠	
1197	刘振华行书"惠风和畅"画心	1	张	纸	1996 年	2015 年 5 月 21 日黄发同志捐赠	
1198	任仲夷行书"甘为孺子牛"画心	1	张	纸	2003 年	2015 年 5 月 21 日黄发同志捐赠	
1199	王首道行书"承启上下 沟通左右"画心	1	张	纸	1986 年	2015 年 5 月 21 日黄发同志捐赠	
1200	王宁行书"孺子牛"画心	1	张	纸	己卯年	2015 年 5 月 21 日黄发同志捐赠	
1201	吴南生行书"毛主席诗词"画心	1	张	纸	甲戌年	2015 年 5 月 21 日黄发同志捐赠	
1202	王骏行书"三国演义卷首词"画心	1	张	纸	2008 年	2015 年 5 月 21 日黄发同志捐赠	
1203	陈雷行书"奋发图强"画心	1	张	纸	丙子年	2015 年 5 月 21 日黄发同志捐赠	

1204	李尔重行草"点缀春光总要人"画心	1	张	纸	1994 年	2015 年 5 月 21 日黄发同志捐赠	
1205	王匡"西江月"行书横幅	1	张	纸	中华人民共和国	2015 年 5 月 21 日黄发同志捐赠	
1206	邓白设色荔枝蝉鸣图横幅	1	张	纸	1978 年	2015 年 5 月 21 日黄发同志捐赠	
1207	陶罐	2	件	陶	汉代	2004 年 8 月 10 日陈效坚捐赠	
1208	达西人物铜像	1	件	铜	中华人民共和国	2009 年 1 月 6 日达西捐赠	
1209	银钗	2	件	银	宋	1993 年 12 月 5 日石排农民捐赠	
1210	金属耳环	2	件	金属	宋	1993 年 12 月 5 日石排农民捐赠	
1211	金属衣饰	38	件	金属	宋	1993 年 12 月 5 日石排农民捐赠	梅花状
1212	宣和铜钱	38	件	铜	宋	1993 年 12 月 5 日石排农民捐赠	
1213	政和铜钱	38	件	铜	宋	1993 年 12 月 5 日石排农民捐赠	
1214	纯金邮品	1	套	金	中华人民共和国	2005 年 5 月深圳中市博大文化公司捐赠	
1215	莫雨根"公社农机站"速写	1	幅	纸	1970 年代	2008 年 12 月 5 日莫雨根捐赠	
1216	莫雨根"修水渠"速写	1	幅	纸	1970 年代	2008 年 12 月 5 日莫雨根捐赠	
1217	莫雨根"冬耕"速写	1	幅	纸	1970 年代	2008 年 12 月 5 日莫雨根捐赠	
1218	莫雨根"农机修配站"速写	1	幅	纸	1970 年代	2008 年 12 月 5 日莫雨根捐赠	
1219	莫雨根"老街"速写	1	幅	纸	1970 年代	2008 年 12 月 5 日莫雨根捐赠	
1220	涂自华"收工"水彩画	1	幅	纸	1960 年代	2008 年 12 月 5 日涂自华捐赠	
1221	涂自华"傍晚"水彩画	1	幅	纸	1960 年代	2008 年 12 月 5 日涂自华捐赠	
1222	涂自华"运香蕉"速写	1	幅	纸	1962 年	2008 年 12 月 5 日涂自华捐赠	
1223	涂自华"美姐"肖像速写	1	幅	纸	1962 年	2008 年 12 月 5 日涂自华捐赠	
1224	涂自华"读"版画	1	幅	纸	1962 年	2008 年 12 月 5 日涂自华捐赠	
1225	涂自华"织席"版画	1	幅	纸	1961 年	2008 年 12 月 5 日涂自华捐赠	
1226	涂自华"大堤"版画	1	幅	纸	1962 年	2008 年 12 月 5 日涂自华捐赠	
1227	涂自华"过秤入仓"版画	1	幅	纸	1963 年	2008 年 12 月 5 日涂自华捐赠	
1228	王莉莎"虎门小景"速写	2	幅	纸	1976 年	2008 年 12 月 5 日王莉莎捐赠	
1229	王莉莎"虎门公社"速写	3	幅	纸	1974 年	2008 年 12 月 5 日王莉莎捐赠	
1230	王莉莎"文化局房松青同志"肖像速写	4	幅	纸	1978 年	2008 年 12 月 5 日王莉莎捐赠	
1231	王莉莎"开批判会"速写	5	幅	纸	1974 年	2008 年 12 月 5 日王莉莎捐赠	
1232	王莉莎"虎战在虎门炮台"速写	6	幅	纸	1970 年代	2008 年 12 月 5 日王莉莎捐赠	
1233	《东莞县各界联合庆祝新中国诞生暨全县解放大会宣言》	1	份	纸	1949 年	2003 年 5 月 6 日张泰麟捐赠	
1234	广东省第一期文物训练班（1957 年）发的"中国历代年表"	1	本	纸	1957 年	2012 年 2 月 28 日李绍涵捐赠	
1235	李绍涵在 1957 年省第一期文物训练班使用过的笔记本	1	本	纸	1957 年	2012 年 2 月 28 日李绍涵捐赠	
1236	李绍涵用过的笔记草稿	7	张	纸	1957 年	2012 年 2 月 28 日李绍涵捐赠	
1237	李绍涵制作的历史年表	2	张	纸	1957 年	2012 年 2 月 28 日李绍涵捐赠	
1238	李绍涵在鸦片战争博物馆筹建期间的经费记录表	1	张	纸	1960 年代	2012 年 2 月 28 日李绍涵捐赠	
1239	"昭和十五年"素身日军军刀	1	把	铜	1940 年	2010 年 3 月 25 日谭志恒捐赠	
1240	林志勇文革时期旧照片	10	份	纸	"文革"	2009 年 12 月 31 日林志勇捐赠	
1241	林志勇第一届工农兵大学入学通知书	2	份	纸	"文革"	2009 年 12 月 31 日林志勇捐赠	
1242	澳门益隆号双鸭炮竹商标	1	件	纸	中华民国	2015 年 3 月 19 日王晓强捐赠	
1243	澳门益隆号双鸭炮竹商标	1	件	纸	中华民国	2015 年 3 月 19 日王晓强捐赠	

1244	澳门益隆号双鸭炮竹商标	1	件	纸	中华民国	2015 年 3 月 19 日王晓强捐赠	
1245	澳门益隆双鸭炮竹商标	1	件	纸	中华民国	2015 年 3 月 19 日王晓强捐赠	
1246	澳门宏益骆驼牌炮竹商标	1	件	纸	中华民国	2015 年 3 月 19 日王晓强捐赠	
1247	澳门益隆双鸭炮竹商标	1	件	纸	中华民国	2015 年 3 月 19 日王晓强捐赠	
1248	澳门益隆双鸭炮竹公司商标	1	件	纸	中华民国	2015 年 3 月 19 日王晓强捐赠	
1249	澳门益隆炮竹商标	1	件	纸	中华民国	2015 年 3 月 19 日王晓强捐赠	
1250	澳门益隆炮竹公司商标	1	件	纸	中华民国	2015 年 3 月 19 日王晓强捐赠	
1251	澳门益隆双鸭炮竹商标	1	件	纸	中华民国	2015 年 3 月 19 日王晓强捐赠	
1252	澳门益隆双鸭炮竹商标	1	件	纸	中华民国	2015 年 3 月 19 日王晓强捐赠	
1253	澳门宏益骆驼牌商标	1	件	纸	中华民国	2015 年 3 月 19 日王晓强捐赠	
1254	澳门粤东大中华双鸭商标	1	件	纸	中华民国	2015 年 3 月 19 日王晓强捐赠	
1255	澳门均益号鸡唛商标	1	件	纸	中华民国	2015 年 3 月 19 日王晓强捐赠	
1256	澳门飞轮牌烟花商标	1	件	纸	中华民国	2015 年 3 月 19 日王晓强捐赠	
1257	广东东莞炮竹厂制造天坛牌炮竹	2	合	纸	中华人民共和国	2015 年 3 月 19 日王晓强捐赠	
1258	东莞城脉历州罗华泰炮竹厂造炮竹	1	合	纸	中华人民共和国	2015 年 3 月 19 日王晓强捐赠	
1259	东莞城脉历州罗华泰炮竹厂造炮竹	1	排	纸	中华人民共和国	2015 年 3 月 19 日王晓强捐赠	
1260	东莞制虎头牌炮竹	1	排	纸	中华人民共和国	2015 年 3 月 19 日王晓强捐赠	
1261	赤岗塔英国艺术家雕刻铜版画	1	件	纸	1859 年	2015 年 6 月 29 日王晓强捐赠	
1262	黄埔塔英国艺术家雕刻铜版画	1	件	纸	1842 年	2015 年 6 月 29 日王晓强捐赠	
1263	赛龙舟英国艺术家雕刻铜版画	1	件	纸	1842 年	2015 年 6 月 29 日王晓强捐赠	
1264	广东江景（船民生活）英国艺术家雕刻铜版画	1	件	纸	1859 年	2015 年 6 月 29 日王晓强捐赠	
1265	昼民生活珂罗版单色明信片	1	张	纸	清	2015 年 6 月 29 日王晓强捐赠	
1266	珠江船景珂罗版单色明信片	1	张	纸	清	2015 年 6 月 29 日王晓强捐赠	
1267	珠江船景珂罗版单色明信片	1	张	纸	清	2015 年 6 月 29 日王晓强捐赠	
1268	珠江船景珂罗版单色明信片	1	张	纸	清	2015 年 6 月 29 日王晓强捐赠	
1269	珠江船景珂罗版单色明信片	1	张	纸	清	2015 年 6 月 29 日王晓强捐赠	
1270	珠江一景珂罗版单色明信片	1	张	纸	清	2015 年 6 月 29 日王晓强捐赠	
1271	道滘兴隆街荣华木雕	1	件	木	中华民国	2009 年 10 月 24 日叶更生捐赠	
1272	红军用过的草鞋	4	对	草	1930 年代	2009 年 9 月 3 日江西于都县博物馆捐赠	复制品
1273	红军用过的斗笠	1	件	竹	1930 年代	2009 年 9 月 4 日江西于都县博物馆捐赠	复制品
1274	红军用过的蓑衣	1	件	棕	1930 年代	2009 年 9 月 3 日江西于都县博物馆捐赠	复制品
1275	广东省人民政府颁发给李云祥烈士"光荣烈属"牌	1	块	铁	1930 年代	2010 年 10 月 25 日李锦成捐赠	
1276	江鹤乡颁发给李云祥烈士"军属光荣"牌	1	块	木	1950 年	2010 年 10 月 25 日李锦成捐赠	
1277	中国人民解放军第四野战军颁发给李灿林同志革命军人证明书	1	张	纸	1951 年	2010 年 10 月 25 日李锦成捐赠	
1278	李金河同志肩章	2	件	布	1960 年	2010 年 10 月 25 日李锦成捐赠	
1279	木雕梅竹纹四扇柜	1	件	木	清末、中华民国	2008 年 12 月 17 日叶更生捐赠	
1280	红色木屐鞋	2	件	木	1960 年代	2008 年 12 月 17 日叶更生捐赠	
1281	橙色木屐鞋	2	件	木	1960 年代	2008 年 12 月 17 日叶更生捐赠	
1282	酸枝手饰盒	1	件	木	中华民国	2008 年 12 月 17 日叶更生捐赠	

1283	椭圆形竹饭盂	1	件	竹	中华民国	2008 年 12 月 17 日叶更生捐赠	
1284	兽面柄寿纹铜烫斗	1	件	铜	晚清	2008 年 12 月 17 日叶更生捐赠	
1285	木饼印炒米饼	1	件	木	1950 年代	2008 年 12 月 17 日叶更生捐赠	
1286	炒米饼模印	1	件	木	中华民国	2008 年 12 月 17 日叶更生捐赠	
1287	寿桃饼模印	3	件	木	中华民国	2008 年 12 月 17 日叶更生捐赠	
1288	桃形长命富贵双面木饼印	1	件	木	1950 年代	2008 年 12 月 17 日叶更生捐赠	
1289	青花开光贵富瓷枕	1	件	瓷	中华民国	2008 年 12 月 17 日叶更生捐赠	
1290	铜锁	1	件	铜	中华民国	2008 年 12 月 17 日叶更生捐赠	
1291	木制封箱	1	件	木	中华民国	2008 年 11 月 24 日钟凤媚捐赠	
1292	木水桶	1	件	木	中华民国	2008 年 11 月 24 日钟凤媚捐赠	
1293	木饭盒	1	件	木	中华民国	2008 年 11 月 24 日钟凤媚捐赠	
1294	木罈盖	1	件	木	中华民国	2008 年 11 月 24 日钟凤媚捐赠	
1295	木锅盖	1	件	木	中华民国	2008 年 11 月 24 日钟凤媚捐赠	
1296	崇祯通宝	1	枚	铜	明	2010 年 8 月 17 日江健威捐赠	正体
1297	隆式通宝	1	枚	铜	明	2010 年 8 月 17 日江健威捐赠	正体
1298	弘光通宝	1	枚	铜	明	2010 年 8 月 17 日江健威捐赠	正体
1299	崇祯通宝	1	枚	铜	明	2010 年 8 月 17 日江健威捐赠	正体
1300	崇祯通宝	1	枚	铜	明	2010 年 8 月 17 日江健威捐赠	背星文
1301	崇祯通宝	1	枚	铜	明	2010 年 8 月 17 日江健威捐赠	楷书
1302	嘉靖通宝	1	枚	铜	明	2010 年 8 月 17 日江健威捐赠	正体
1303	天启通宝	1	枚	铜	明	2010 年 8 月 17 日江健威捐赠	正体
1304	崇祯通宝	1	枚	铜	明	2010 年 8 月 17 日江健威捐赠	正体
1305	康熙通宝	1	枚	铜	清	2010 年 8 月 17 日江健威捐赠	正体
1306	天启通宝	1	枚	铜	明	2010 年 8 月 17 日江健威捐赠	正体
1307	天启通宝	1	枚	铜	明	2010 年 8 月 17 日江健威捐赠	楷书
1308	元祐通宝	1	枚	铜	宋	2010 年 8 月 17 日江健威捐赠	篆书
1309	圣宋元宝	1	枚	铜	宋	2010 年 8 月 17 日江健威捐赠	篆书
1310	乾道元宝	1	枚	铜	宋	2010 年 8 月 17 日江健威捐赠	
1311	皇宋通宝	1	枚	铜	宋	2010 年 8 月 17 日江健威捐赠	宋体
1312	皇宋通宝	1	枚	铜	宋	2010 年 8 月 17 日江健威捐赠	篆书
1313	淳熙元宝	1	枚	铜	宋	2010 年 8 月 17 日江健威捐赠	正体
1314	乾熙元宝	1	枚	铜	宋	2010 年 8 月 17 日江健威捐赠	篆书
1315	皇宋通宝	1	枚	铜	宋	2010 年 8 月 17 日江健威捐赠	篆书
1316	皇宋通宝	1	枚	铜	宋	2010 年 8 月 17 日江健威捐赠	篆书
1317	圣宋元宝	1	枚	铜	宋	2010 年 8 月 17 日江健威捐赠	篆书
1318	圣宋元宝	1	枚	铜	宋	2010 年 8 月 17 日江健威捐赠	篆书
1319	朝圣元宝	1	枚	铜	宋	2010 年 8 月 17 日江健威捐赠	行书
1320	淳熙元宝	1	枚	铜	宋	2010 年 8 月 17 日江健威捐赠	楷书
1321	淳熙元宝	1	枚	铜	宋	2010 年 8 月 17 日江健威捐赠	
1322	圣宋元宝	1	枚	铜	宋	2010 年 8 月 17 日江健威捐赠	篆书
1323	淳熙元宝	1	枚	铜	宋	2010 年 8 月 17 日江健威捐赠	篆书
1324	淳熙元宝	1	枚	铜	宋	2010 年 8 月 17 日江健威捐赠	篆书
1325	宽永通宝	1	枚	铜	宋	2010 年 8 月 17 日江健威捐赠	楷书
1326	淳熙元宝	1	枚	铜	宋	2010 年 8 月 17 日江健威捐赠	楷书
1327	隆兴通宝	1	枚	铜	宋	2010 年 8 月 17 日江健威捐赠	楷书
1328	淳熙元宝	1	枚	铜	宋	2010 年 8 月 17 日江健威捐赠	

1421	青花山水盖盅	1	件	瓷	民国	李锦洪 2013 年 3 月 14 日捐赠	
1422	绿釉陶罐	1	件	瓷	民国	李锦洪 2013 年 3 月 14 日捐赠	
1423	青花山水人物罐	1	件	瓷	清	李锦洪 2013 年 3 月 14 日捐赠	
1424	青花缠枝牡丹纹罐	1	件	瓷	清	李锦洪 2013 年 3 月 14 日捐赠	
1425	寒石《沁园春雪》	1	幅	纸	中华人民共和国	2006 年 3 月 22 日寒石捐赠	
1426	寒石《唐诗一首》	1	幅	纸	中华人民共和国	2006 年 3 月 22 日寒石捐赠	
1427	青花彩釉花鸟纹瓷枕	1	件	瓷	中华民国	2012 年 7 月 5 日谭志恒捐赠	
1428	石质莫氏墓室铭	1	件	石	明正统	莫国胜捐赠	
1429	岳飞出师表等碑拓	33	幅	纸	中华人民共和国	2001 年 9 月 1 日邓衍成捐赠	
1430	端砚	1	件	石	中华人民共和国	2005 年 8 月 9 日中共肇庆市委宣传部捐赠	
1431	木雕	1	件	木	中华民国	2007 年 12 月张证明捐赠	
1432	珊瑚化石	1	块	珊瑚		甘肃天水发掘，金亚雄捐赠	年代未测
1433	珊瑚化石	1	块	珊瑚		甘肃天水发掘，金亚雄捐赠	年代未测
1434	贝壳化石	1	块	贝壳		新疆发掘，金亚雄捐赠	年代未测
1435	贝壳化石	1	块	贝壳		新疆发掘，金亚雄捐赠	年代未测
1436	贝壳化石	1	块	贝壳		新疆发掘，金亚雄捐赠	年代未测
1437	贝壳化石	1	块	贝壳		新疆发掘，金亚雄捐赠	年代未测
1438	贝壳化石	1	块	贝壳		新疆发掘，金亚雄捐赠	年代未测
1439	贝壳化石	1	块	贝壳		新疆发掘，金亚雄捐赠	年代未测
1440	贝壳化石	1	块	贝壳		新疆发掘，金亚雄捐赠	年代未测
1441	贝壳化石	1	块	贝壳		新疆发掘，金亚雄捐赠	年代未测
1442	贝壳化石	1	块	贝壳		新疆发掘，金亚雄捐赠	年代未测
1443	贝壳化石	1	块	贝壳		新疆发掘，金亚雄捐赠	年代未测
1444	贝壳化石	3	块	贝壳		新疆发掘，金亚雄捐赠	年代未测
1445	恐龙蛋化石	1	个	化石		2007 年 2 月 27 日姚耀宁捐赠	年代未测
1446	恐龙蛋化石	1	个	化石		2007 年 2 月 27 日姚耀宁捐赠	年代未测
1447	恐龙蛋化石	1	个	化石		2007 年 2 月 27 日姚耀宁捐赠	年代未测
1448	恐龙蛋化石	1	个	化石		2007 年 2 月 27 日姚耀宁捐赠	年代未测
1449	恐龙蛋化石	1	个	化石		2007 年 2 月 27 日姚耀宁捐赠	年代未测
1450	恐龙蛋化石	1	个	化石		2007 年 2 月 27 日姚耀宁捐赠	年代未测
1451	恐龙蛋化石	1	个	化石		2007 年 2 月 27 日姚耀宁捐赠	年代未测
1452	恐龙蛋化石	1	个	化石		2007 年 2 月 27 日姚耀宁捐赠	年代未测
1453	恐龙蛋化石	1	个	化石		2007 年 2 月 27 日姚耀宁捐赠	年代未测
1454	恐龙蛋化石	1	个	化石		2007 年 2 月 27 日姚耀宁捐赠	年代未测
1455	恐龙蛋化石	1	个	化石		2007 年 2 月 27 日姚耀宁捐赠	年代未测
1456	恐龙蛋化石	1	个	化石		2007 年 2 月 27 日姚耀宁捐赠	年代未测
1457	恐龙蛋化石	1	个	化石		2007 年 2 月 27 日姚耀宁捐赠	年代未测
1458	恐龙蛋化石	1	个	化石		2007 年 2 月 27 日姚耀宁捐赠	年代未测
1459	恐龙蛋化石	1	个	化石		2007 年 2 月 27 日姚耀宁捐赠	年代未测
1460	恐龙蛋化石	1	个	化石		2007 年 2 月 27 日姚耀宁捐赠	年代未测
1461	恐龙蛋化石	1	个	化石		2007 年 2 月 27 日姚耀宁捐赠	年代未测
1462	恐龙蛋化石	1	个	化石		2007 年 2 月 27 日姚耀宁捐赠	年代未测
1463	恐龙蛋化石	1	个	化石		2007 年 2 月 27 日姚耀宁捐赠	年代未测

1464	恐龙蛋化石	1	个	化石		2007 年 2 月 27 日姚耀宁捐赠	年代未测
1465	恐龙蛋化石	1	个	化石		2007 年 8 月 10 日姚妙兰捐赠	年代未测
1466	恐龙蛋化石	1	个	化石		2007 年 8 月 10 日姚妙兰捐赠	年代未测
1467	恐龙蛋化石	1	个	化石		2007 年 8 月 10 日姚妙兰捐赠	年代未测
1468	恐龙蛋化石	1	个	化石		2007 年 8 月 10 日姚妙兰捐赠	年代未测
1469	恐龙蛋化石	1	个	化石		2007 年 8 月 10 日姚妙兰捐赠	年代未测
1470	恐龙蛋化石	1	个	化石		2007 年 8 月 10 日姚妙兰捐赠	年代未测
1471	恐龙蛋化石	1	个	化石		2007 年 8 月 10 日姚妙兰捐赠	年代未测
1472	恐龙蛋化石	1	个	化石		2007 年 8 月 10 日姚妙兰捐赠	年代未测
1473	恐龙蛋化石	1	个	化石		2007 年 8 月 10 日姚妙兰捐赠	年代未测
1474	恐龙蛋化石	1	个	化石		2007 年 8 月 10 日姚妙兰捐赠	年代未测
1475	恐龙蛋化石	1	个	化石		2008 年 8 月 10 日姚耀宁捐赠	年代未测
1476	恐龙蛋化石	1	个	化石		2008 年 8 月 10 日姚耀宁捐赠	年代未测
1477	恐龙蛋化石	1	个	化石		2008 年 8 月 10 日姚耀宁捐赠	年代未测
1478	恐龙蛋化石	1	个	化石		2008 年 8 月 10 日姚耀宁捐赠	年代未测
1479	恐龙蛋化石	1	个	化石		2008 年 8 月 10 日姚耀宁捐赠	年代未测
1480	恐龙蛋化石	1	个	化石		2007 年 2 月 28 日姚耀宁捐赠	年代未测
1481	恐龙蛋化石	1	个	化石		2007 年 2 月 28 日姚耀宁捐赠	年代未测
1482	恐龙蛋化石	1	个	化石		2007 年 2 月 28 日姚耀宁捐赠	年代未测
1483	恐龙蛋化石	1	个	化石		2007 年 2 月 28 日姚耀宁捐赠	年代未测
1484	恐龙蛋化石	1	个	化石		2007 年 2 月 28 日姚耀宁捐赠	年代未测
1485	恐龙蛋化石	1	个	化石		2007 年 2 月 28 日姚耀宁捐赠	年代未测
1486	恐龙蛋化石	1	个	化石		2007 年 2 月 28 日姚耀宁捐赠	年代未测
1487	恐龙蛋化石	1	个	化石		2007 年 2 月 28 日姚耀宁捐赠	年代未测
1488	恐龙蛋化石	1	个	化石		2007 年 2 月 28 日姚耀宁捐赠	年代未测
1489	恐龙蛋化石	1	个	化石		2007 年 2 月 28 日姚耀宁捐赠	年代未测
1490	恐龙蛋化石	1	个	化石		2007 年 2 月 28 日姚耀宁捐赠	年代未测
1491	恐龙蛋化石	1	个	化石		2007 年 2 月 28 日姚耀宁捐赠	年代未测
1492	恐龙蛋化石	1	个	化石		2007 年 2 月 28 日姚耀宁捐赠	年代未测
1493	恐龙蛋化石	1	个	化石		2007 年 2 月 28 日姚耀宁捐赠	年代未测
1494	恐龙蛋化石	1	个	化石		2007 年 2 月 28 日姚耀宁捐赠	年代未测
1495	恐龙蛋化石	1	个	化石		2007 年 2 月 28 日姚耀宁捐赠	年代未测
1496	恐龙蛋化石	1	个	化石		2007 年 2 月 28 日姚耀宁捐赠	年代未测
1497	恐龙蛋化石	1	个	化石		2007 年 2 月 28 日姚耀宁捐赠	年代未测
1498	恐龙蛋化石	1	个	化石		2007 年 2 月 28 日姚耀宁捐赠	年代未测
1499	恐龙蛋化石	1	个	化石		2007 年 2 月 28 日姚耀宁捐赠	年代未测
1500	恐龙蛋化石	1	个	化石		2007 年 2 月 28 日姚耀宁捐赠	年代未测
1501	恐龙蛋化石	1	个	化石		2007 年 2 月 28 日姚耀宁捐赠	年代未测
1502	恐龙蛋化石	1	个	化石		2007 年 2 月 28 日姚耀宁捐赠	年代未测
1503	恐龙蛋化石	1	个	化石		2007 年 2 月 28 日姚耀宁捐赠	年代未测
1504	恐龙蛋化石	1	个	化石		2007 年 2 月 28 日姚耀宁捐赠	年代未测
1505	恐龙蛋化石	1	个	化石		2007 年 2 月 28 日姚耀宁捐赠	年代未测
1506	恐龙蛋化石	1	个	化石		2007 年 2 月 28 日姚耀宁捐赠	年代未测
1507	恐龙蛋化石	1	个	化石		2007 年 2 月 28 日姚耀宁捐赠	年代未测
1508	恐龙蛋化石	1	个	化石		2007 年 2 月 28 日姚耀宁捐赠	年代未测
1509	恐龙蛋化石	5	个	化石		2007 年 2 月 28 日姚耀宁捐赠	年代未测
1510	琥珀标本	1	块	琥珀		2012 年 10 月 9 日史俊天捐赠	年代未测

东莞市博物馆捐赠名录

丁　进　万志平　万一鹏　邓　白　邓衍成　邓蓉镜　马　骏

王　匡　王　贱　王作尧　王莉莎　王树高　王晓强　王玉麟

卢　瑞　卢汝圻　叶更生　叶向明　叶　耀　叶伯福　叶作鹏

古卓勳　达　西　卢　当　卢玉怀　刘　运　刘建业　刘仲捐

江　凡　江福粦　江健威　向吉电　亚　雄　李志文　李庆全

李干鸿　李汛萍　李绍涵　李锦成　李锦洪　陈　桥　陈　斌

陈均平　陈伯陶　陈玉棠　陈效坚　陈作棌　陈艳珍　陈联辉堂

岑诒立　张家光　张证明　张泰麟　张家添　欧静山　麦朴农

麦际可　麦宝贤　麦定唐　吴志俭　林福有　林志勇　罗　彭

罗惠仪　罗派钧　周吼涛　周振武　赵自强　赵振平　姚妙兰

姚耀宁　钟　统　钟凤媚　郭志强　高国升　容　庚　容　珊

容　琨　容　璞　容鹤龄　袁　方　袁九记　袁建文　莫　稚

莫伯埙　莫雨根　莫国胜　徐景唐　徐赐书　秦大我　涂自华

崔培鲁　黄　发　黄亮权　黄炜熙　黄树德　黄笃维　梁戊年

蒋建国　蒋庆渝　蒋定桂　曾建雄　寒　石　赖官送　蓝子杏

蔡春鹤　谭才均　谭志恒　薛坚华　黎　敏　黎雄才　黎沃文

东莞明伦堂　张家玉后人

后 记

　　文物捐赠，让博物馆的藏品得到丰富，让文物的安全得到有效保护，让文物的寿命得以最大化延续，让文物的作用得到重要的发挥，同时，通过捐赠的方式，捐赠者的自我价值得以实现，个人收藏升华到集体记忆和社会遗产的高度，这是精神世界的超越。

　　东莞市博物馆建馆至今已有 85 个春秋。岁月留痕蕴沧桑，愿将珍藏献莞博。来自社会各界的捐赠，不断地丰富着莞博的藏品，也让今天的东莞市博物馆成为了全市 38 家博物馆中藏品最丰、质量最高的国家二级博物馆。回眸历史，捐赠者让我们肃然起敬，怀着深深的感恩之情，我们有责任、有义务向社会公示这群可爱的、可敬的人们，让他们的精神永远传递下去。

　　《东莞市博物馆藏捐赠文物》一书通过梳理馆藏文物，整理出历年来馆藏捐赠文物、捐赠名录，用清单和名录形式呈现，同时从捐赠文物中挑选 164 件文物，分陶瓷、书画、杂件三个部分制作图版，每件文物皆著录名称、时代、尺寸并有简单描述，便于读者阅读与参考。在捐赠名录中，选取部分具有代表性的及与捐赠相关的人物加以介绍，以表彰捐赠者们的公益之心，爱国之举。

　　此次图录编撰得到了各级领导和同行的关怀、帮助与支持，在此致以诚挚的谢意；很多同事为此付出了心血和汗水，在此也对他们尽职尽责的辛勤劳动表示衷心感谢。

　　由于编者学识水平有限，错漏之处，敬希方家批评指正。

编　者

2014 年 12 月